政府和社会资本合作(PPP)项目
选择社会资本方招标文件示范文本

(公路项目)

中国招标投标协会　编著

中 国 计 划 出 版 社

图书在版编目（C I P）数据

政府和社会资本合作（PPP）项目选择社会资本方招标文件示范文本 : 公路项目 / 中国招标投标协会编著. -- 北京 : 中国计划出版社, 2019.11
ISBN 978-7-5182-1105-0

Ⅰ. ①政… Ⅱ. ①中… Ⅲ. ①政府投资－合作－社会资本－应用－道路工程－基本建设项目－招标－范文－中国 Ⅳ. ①U415.13

中国版本图书馆CIP数据核字(2019)第236914号

政府和社会资本合作(PPP)项目
选择社会资本方招标文件示范文本（公路项目）
中国招标投标协会　编著

中国计划出版社出版发行
网址：www.jhpress.com
地址：北京市西城区木樨地北里甲 11 号国宏大厦 C 座 3 层
邮政编码：100038　电话：(010) 63906433（发行部）
北京市科星印刷有限责任公司印刷

880mm×1230mm　1/16　14.5 印张　294 千字
2019 年 11 月第 1 版　2019 年 11 月第 1 次印刷
印数 1—3000 册

ISBN 978-7-5182-1105-0
定价：98.00 元

《政府和社会资本合作（PPP）项目选择社会资本方招标文件示范文本（公路项目）》
编 制 委 员 会

主　　　任：任　珑

副　主　任：贾建华　袁炳玉　彭耀军

编写组人员：

组　　　长：高会晋

副　组　长：袁　静

编 写 人 员：高会晋　袁　静　刘成志　陈文光　张雄胜
贺晓东　程　磊　董晓虹　李伟雄　张秀英
王　林　李智溢　阮明华　王刚毅　兰立松
陈红梅　陈金珍

专 家 顾 问：石国虎　王　胜　谭敬慧　张　粒　王守清
董　亮　翁燕珍　王利彬　李茂年

使用说明

一、为规范政府和社会资本合作（Public - Private Partnership，以下均简称：PPP）公路项目选择社会资本方招标文件编制工作，中国招标投标协会组织华杰工程咨询有限公司和国内专家编写《政府和社会资本合作（PPP）项目选择社会资本方招标文件示范文本（公路项目）》（以下简称《公路 PPP 招标示范文本》）。

二、《公路 PPP 招标示范文本》的编制依据主要是《中华人民共和国招标投标法》《中华人民共和国政府采购法》以及相关法律法规和规范性文件。《公路 PPP 招标示范文本》中对政府采购法律法规体系与招标投标法律法规体系不同的地方进行了单独标注，如无特别说明，则以招标投标法律法规体系的相关规定为准。招标人可根据项目实际需要选择使用。

三、《公路 PPP 招标示范文本》中的社会资本方是指已建立现代企业制度的各类国有企业、民营企业、外商投资企业、混合所有制企业，以及其他投资、经营主体。

四、《公路 PPP 招标示范文本》中的合作范围是按照 PPP 项目合同约定进行项目的投资、融资、勘察设计、建设、运营、维护及移交。

五、《公路 PPP 招标示范文本》适用于采用 BOT（建设—运营—移交）模式、通过招标方式选择社会资本方的政府和社会资本合作（PPP）收费公路项目。采用 ROT（改建—运营—移交）、TOT（转让—运营—移交）模式的，需修改《公路 PPP 招标示范文本》相应内容。非收费公路项目可以参照《公路 PPP 招标示范文本》使用。

六、《公路 PPP 招标示范文本》第五章“PPP 项目合同”参照中国招标投标协会发布的《政府和社会资本合作（PPP）项目合作协议示范文本（试行）》，结合公路项目的实际特点编制。“PPP 项目合同”对部分条款设置（A）（B）条款，招标人可根据项目具体情况选择使用。

七、招标人根据《公路 PPP 招标示范文本》编制项目招标文件时，可根据招标项目的具体特点和实际需要，对《公路 PPP 招标示范文本》中相关条款进行修改、补充、细化，但修改、补充或细化的内容不得违反法律、行政法规的强制性规定和平等、自愿、公平、诚实信用原则。

八、《公路 PPP 招标示范文本》用相同序号标示的章、节、条、款、项、目，供招标人选择使用；以空格标示的部分，招标人可根据招标项目具体特点和实际需要进行填写，确实没有需要填写的，在空格中用“/”标示。

九、招标人应将实际发布的招标公告或实际发出的投标邀请书编入出售的招标文件中，作为招标文件的组成部分。

十、《公路 PPP 招标示范文本》第三章“评标办法”规定了综合评估法。第三章“评标办法”前附表应列明全部评审因素和评审标准，并在本章（前附表及正文）标明投标人不满足要求即导致否决投标的全部条款。

十一、招标人应与中标人按照招标文件规定签订投资协议，项目公司成立后，招标人应与项目公司按照招标文件规定签订 PPP 项目合同。

十二、采用电子招标投标的，招标人应按照国家有关规定，结合项目具体情况和交易平台操作特点，在招标文件中载明相应要求。

十三、各使用单位或个人如对《公路 PPP 招标示范文本》有修改意见和建议，请及时反馈中国招标投标协会。

目　　次

__________省（自治区、直辖市）

__________（PPP 项目名称）选择社会资本方招标

招 标 文 件

招标人：__________（盖单位章）

______年______月______日

目　　录

第一章　招标公告（未进行资格预审）[①]

① 招标人可根据项目具体特点和实际需要对本章内容进行补充、细化，但应遵守《中华人民共和国招标投标法》第十六条和《招标公告和公示信息发布管理办法》等有关法律法规的规定；对于政府采购项目，在招标公告中应明确预算金额和采购需求，并遵守《政府采购信息公告管理办法》的规定。

______（PPP 项目名称）选择社会资本方招标公告

1. 招标条件

本招标项目______（PPP 项目名称）已由______（政府机关名称）以______（批准文号）批准采用政府和社会资本合作（PPP）模式实施。招标人是经______（政府机关名称）授权的项目实施机构______。项目实施方案已经政府批准，现对该项目的社会资本方进行公开招标。

2. 项目概况、招标范围与操作模式

2.1 项目概况

简述项目建设地点、建设规模、技术标准、建设工期、项目投资估算、项目资本金比例等。

2.2 招标范围

本次招标范围为选择______（PPP 项目名称）的社会资本方。

2.3 操作模式

2.3.1 本项目的具体操作模式为建设—运营—移交（Build-Operate-Transfer，简称：BOT）模式。中标后，社会资本方应按《中华人民共和国公司法》及其他相关法律法规和政策规定组建项目公司，由项目公司对项目的筹划、资金筹措、建设实施、运营管理、债务偿还、资产管理和项目移交等全过程负责，自主经营，自负盈亏，并在 PPP 项目合同规定的项目合作期满后，按照 PPP 项目合同的约定将公路（含土地使用权）、公路附属设施及相关资料等无偿移交给行业主管部门。

2.3.2 政府将与社会资本方共同出资组建项目公司。其中政府出资人代表为：______（单位名称），出资方式为：______（实物出资、现金出资等），出资额为：______元，出资时间为：______。[①]

2.3.3 本项目由政府提供可行性缺口补助，补助金额或补助金额确定方式为：

① 适用于政府参股项目公司的情况。

______，补助形式为：______，补助时间为：______。①

3. 投标人资格要求②

3.1 独立投标人资格要求

本次招标要求投标人具备的资格条件包括：

3.1.1 在中国境内/境外依法注册的企业法人或其他组织；

3.1.2 ______年末总资产____亿元③人民币以上（或等值货币，汇率以招标公告发布之日中国银行外汇牌价中卖出价为准，下同），净资产____亿元人民币以上；

3.1.3 具有不低于项目投资估算的投融资能力，其中投资能力不低于____元，融资能力不低于：________（项目投资估算－投标人拟投资金额）④；

3.1.4 最近连续三年每年均为盈利，且年度财务报告应当经具有法定资格的中介机构审计；______年末资产负债率小于____%⑤，近______年经营性现金净流量均为正值，没有处于主要财产被接管、查封、冻结等严重影响合同履行或者承担项目能力的状态；

3.1.5 商业信誉良好，在经济活动中无重大违法违规行为。

3.1.6 其他要求：________________。

3.2 联合体资格要求

本次招标__________（接受或不接受）联合体投标。联合体投标的，应满足下列要求：

3.2.1 联合体所有成员数量不得超过____家⑥。

3.2.2 联合体牵头人及成员应满足的资格条件⑦：______。

3.2.3 联合体各方不得再以自己名义单独或加入其他联合体在本项目中投标，否则，相关投标均无效。

3.2.4 联合体所有成员均应参股项目公司，联合体牵头人应当为联合体内部出资比例

---

① 适用于政府提供可行性缺口补助的情况。可行性缺口补助可以为现金，也可以根据现行规定，授予项目沿线一定范围土地开发使用权、矿产资源、旅游资源等。

② 招标人应根据招标项目的规模和项目投资金额设定投标人需具备的资格条件。对于政府采购项目，资格条件的设置应满足《中华人民共和国政府采购法》第二十二条和《政府采购货物和服务招标投标管理办法》等法律法规的要求。

③ 招标文件中提到的货币单位除有特别说明外，均指人民币元。

④ 政府不参股的项目，投标人的投资能力应不小于国家关于项目资本金的规定，投标人的融资能力应不小于：项目投资估算－投标人拟投资金额；政府参股的项目，投标人的投资能力应不小于差额部分资本金的额度，投标人的融资能力应不小于：项目投资估算－投标人拟投资金额－政府投资金额。

⑤ 资产负债率一般应不大于85%。

⑥ 考虑到联合体内部协调等因素，招标人可根据实际情况规定联合体所有成员的最多数量。

⑦ 招标人应明确联合体投标时资格审查标准中各项指标的计算方法，如：联合体牵头人满足或者联合体各方按照股权比例加权计算后满足等。

最大的一方。

3.2.5　其他内容详见投标人须知第 1.4.2 项约定。

3.3　与招标人存在利害关系可能影响招标公正性的单位，不得参加本项目投标；单位负责人为同一人或者存在控股、管理关系的不同单位，不得同时参加本项目投标。否则，相关投标均无效。

4. 招标文件的获取

4.1　凡有意参加投标者，请于______年______月______日至____ 年______月______日[①]，每日上午____时____分至____时____分，下午____时____分至____时____分（北京时间，下同），在__________（详细地址）持单位介绍信（或授权委托书）、经办人身份证购买招标文件。联合体参加投标的，应由联合体牵头人购买招标文件。

4.2　招标文件每套售价人民币________元，售后不退。

5. 投标文件的递交及相关事宜

5.1　招标人将于下列时间和地点组织进行工程现场踏勘并召开投标预备会[②]。

踏勘现场时间：______年______月______日______时，集合地点：__________（详细地址）；

投标预备会时间：______年______月______日______时，会议地点：__________（详细地址）。

5.2　投标文件递交的截止时间（投标截止时间，下同）为______年______月______日____时____分，投标人应于当日____时____分至____时____分将投标文件递交至__________（详细地址）。

5.3　逾期送达的或者未送达指定地点的或者不按照招标文件要求密封的投标文件，招标人将予以拒收。

6. 发布公告的媒介

本次招标公告同时在__________（发布媒介名称、网址等）发布。[③]

---

① 招标文件（未进行资格预审）的发售时间不得少于 5 日；对于政府采购项目，招标文件（未进行资格预审）的发售时间不得少于 5 个工作日。

② 对于政府采购项目，现场踏勘应为“现场考察”，“预备会”应为“答疑会”（下同）。

③ 招标人必须注明所有发布招标公告的媒介名称；对于政府采购项目，应在省级以上人民政府财政部门指定的媒体上发布。

7. 联系方式

招 标 人：______________________

地　　址：______________________

邮政编码：______________________

联 系 人：______________________

电　　话：______________________

传　　真：______________________

电子邮箱：______________________

招标代理机构：____________________

地　　址：______________________

邮政编码：______________________

联 系 人：______________________

电　　话：______________________

传　　真：______________________

电子邮箱：______________________

______年______月______日

第一章　投标邀请书（适用于邀请招标）[①]

① 招标人可根据项目具体特点和实际需要对本章内容进行补充、细化，但应遵守《中华人民共和国招标投标法》等有关法律法规的规定；对于政府采购项目，在投标邀请书中应明确预算金额和采购需求。

______（PPP 项目名称）选择社会资本方招标 投标邀请书

______（被邀请单位名称）：

1. 招标条件

本招标项目______（PPP 项目名称）由______（政府机关名称）以______（批准文号）批准采用政府和社会资本合作（PPP）模式实施。招标人是经______（政府机关名称）授权的项目实施机构______。项目实施方案已经政府批准，现邀请你单位参加该项目的社会资本方投标。

2. 项目概况、招标范围与操作模式

2.1　项目概况

简述项目建设地点、建设规模、技术标准、建设工期、项目投资估算、项目资本金比例等。

2.2　招标范围

本次招标范围为选择______（PPP 项目名称）的社会资本方。

2.3　操作模式

2.3.1　本项目的具体操作模式为建设—运营—移交（Build-Operate-Transfer，简称：BOT）模式。中标后，社会资本方应按《中华人民共和国公司法》及其他相关法律法规和政策规定组建项目公司，由项目公司对项目的筹划、资金筹措、建设实施、运营管理、债务偿还、资产管理和项目移交等全过程负责，自主经营，自负盈亏，并在 PPP 项目合同规定的项目合作期满后，按照 PPP 项目合同的约定将公路（含土地使用权）、公路附属设施及相关资料等无偿移交给行业主管部门。

2.3.2　政府将与社会资本方共同出资组建项目公司。其中政府出资人代表为：______（单位名称），出资方式为：______（实物出资、现金出资等），出资额为：____元，出资时间为：____。①

① 适用于政府参股项目公司的情况。

2.3.3 本项目由政府提供可行性缺口补助，补助金额或补助金额确定方式为：______，补助形式为：______，补助时间为：______ 。[①]

3. 投标人资格要求[②]

3.1 独立投标人资格要求

本次招标要求投标人具备的资格条件包括：

3.1.1 在中国境内/境外依法注册的企业法人或其他组织；

3.1.2 ______年末总资产____亿元[③]人民币以上（或等值货币，汇率以招标公告发布之日中国银行外汇牌价中卖出价为准，下同），净资产____亿元人民币以上；

3.1.3 具有不低于项目投资估算的投融资能力，其中投资能力不低于____元，融资能力不低于：________（项目投资估算－投标人拟投资金额）[④]；

3.1.4 最近连续三年每年均为盈利，且年度财务报告应当经具有法定资格的中介机构审计；____年末资产负债率小于____%[⑤]，近____年经营性现金净流量均为正值，没有处于主要财产被接管、查封、冻结等严重影响合同履行或者承担项目能力的状态；

3.1.5 商业信誉良好，在经济活动中无重大违法违规行为。

3.1.6 其他要求：______________。

3.2 联合体资格要求

本次招标__________（接受或不接受）联合体投标。联合体投标的，应满足下列要求：

3.2.1 联合体所有成员数量不得超过____家[⑥]。

3.2.2 联合体牵头人及成员应满足的资格条件[⑦]：______ 。

3.2.3 联合体各方不得再以自己名义单独或加入其他联合体在本项目中投标，否则，相关投标均无效。

---

① 适用于政府提供可行性缺口补助的情况。可行性缺口补助可以为现金，也可以根据现行规定，授予项目沿线一定范围土地开发使用权、矿产资源、旅游资源等。

② 招标人应根据招标项目的规模和项目投资金额设定投标人需具备的资格条件。对于政府采购项目，资格条件的设置应满足《中华人民共和国政府采购法》第二十二条和《政府采购货物和服务招标投标管理办法》等法律法规的要求。

③ 招标文件中提到的货币单位除有特别说明外，均指人民币元。

④ 政府不参股的项目，投标人的投资能力应不小于国家关于项目资本金的规定，投标人的融资能力应不小于：项目投资估算－投标人拟投资金额；政府参股的项目，投标人的投资能力应不小于差额部分资本金的额度，投标人的融资能力应不小于：项目投资估算－投标人拟投资金额－政府投资金额。

⑤ 资产负债率一般应不大于85%。

⑥ 考虑到联合体内部协调等因素，招标人可根据实际情况规定联合体所有成员的最多数量。

⑦ 招标人应明确联合体投标时资格审查标准中各项指标的计算方法，如：联合体牵头人满足或者联合体各方按照股权比例加权计算后满足等。

3.2.4　联合体所有成员均应参股项目公司，联合体牵头人应当为联合体内部出资比例最大的一方。

3.2.5　其他内容详见投标人须知第1.4.2项约定。

3.3　与招标人存在利害关系可能影响招标公正性的单位，不得参加本项目投标；单位负责人为同一人或者存在控股、管理关系的不同单位，不得同时参加本项目投标。否则，相关投标均无效。

4. 招标文件的获取

4.1　请于______年______月______日至______年______月______日[①]，每日上午____时____分至____时____分，下午____时____分至____时____分（北京时间，下同），在__________________（详细地址）持本邀请书和单位介绍信（或授权委托书）、经办人身份证购买招标文件。联合体参加投标的，应由联合体牵头人购买招标文件。

4.2　招标文件每套售价人民币________元，售后不退。

5. 投标文件的递交及相关事宜

5.1　招标人将于下列时间和地点组织进行工程现场踏勘并召开投标预备会。

踏勘现场时间：______年______月______日______时，集合地点：__________（详细地址）；

投标预备会时间：______年______月______日______时，会议地点：__________（详细地址）。

5.2　投标文件递交的截止时间（投标截止时间，下同）为______年______月______日____时____分，投标人应于当日____时____分至____时____分将投标文件递交至____________（详细地址）。

5.3　逾期送达的、未送达指定地点的或者不按照招标文件要求密封的投标文件，招标人将予以拒收。

6. 确认

你单位收到本邀请书后，请于______年______月______日______时____分前，以书面形式确认是否参加投标。在本邀请书规定的时间内未表示是否参加投标或明确表示不参加投标的，不得再参加投标。

---

① 招标文件（未进行资格预审）的发售时间不得少于5日；对于政府采购项目，招标文件（未进行资格预审）的发售时间不得少于5个工作日。

7. 联系方式

招标人：__________	招标代理机构：__________
地　　址：__________	地　　址：__________
邮政编码：__________	邮政编码：__________
联系人：__________	联系人：__________
电　　话：__________	电　　话：__________
传　　真：__________	传　　真：__________
电子邮箱：__________	电子邮箱：__________

______年______月______日

附件：确认通知

确 认 通 知

_______________（招标人名称）：

我方已于______年______月______日收到你方______年______月______日发出的___________（PPP 项目名称）选择社会资本方招标的投标邀请书，并确认_________（参加/不参加）投标。

特此确认。

被邀请单位名称：___________________（盖单位章）

______年______月______日

第一章　投标邀请书
（代资格预审通过通知书）

＿＿＿＿＿＿（PPP 项目名称）选择社会资本方招标
投标邀请书

＿＿＿＿＿＿（被邀请单位名称）①：

1. 你单位已通过资格预审，现邀请你单位按招标文件规定的内容，参加＿＿＿＿（PPP 项目名称）社会资本方投标。

2. 请你单位于＿＿年＿＿月＿＿日至＿＿年＿＿月＿＿日（法定公休日、法定节假日除外），每日上午＿＿时至＿＿时，下午＿＿时至＿＿时（北京时间，下同），在＿＿＿＿（详细地址）持本投标邀请书、单位介绍信（或授权委托书）及经办人身份证购买招标文件。联合体参加投标的，应由联合体牵头人购买招标文件。

招标文件每套售价人民币＿＿＿＿元，售后不退。

3. 招标人将于下列时间和地点组织进行工程现场踏勘并召开投标预备会。

踏勘现场时间：＿＿年＿＿月＿＿日＿＿时，集合地点：＿＿＿＿（详细地址）；

投标预备会时间：＿＿年＿＿月＿＿日＿＿时，会议地点：＿＿＿＿（详细地址）。

4. 投标文件递交的截止时间（投标截止时间，下同）为＿＿年＿＿月＿＿日＿＿时＿＿分，投标人应于当日＿＿时＿＿分至＿＿时＿＿分将投标文件递交至＿＿＿＿（详细地址）。

5. 逾期送达的或者未送达指定地点的或者不按照招标文件要求密封的投标文件，招标人将拒绝接收。

6. 你单位收到本投标邀请书后，请于＿＿（具体时间）前以传真或快递方式予以确认，并明确是否准备参与投标。你单位在本邀请书规定的时间内未表示是否参加投标或明确表示不参加投标的，不得再参加投标。

招 标 人：＿＿＿＿＿＿＿＿　　招标代理机构：＿＿＿＿＿＿＿＿

① 对于政府采购项目，应明确是否允许未参加资格预审的投标人参与竞争并进行资格后审。

地　　址：＿＿＿＿＿＿＿＿＿＿＿＿＿＿

邮政编码：＿＿＿＿＿＿＿＿＿＿＿＿＿＿

联 系 人：＿＿＿＿＿＿＿＿＿＿＿＿＿＿

电　　话：＿＿＿＿＿＿＿＿＿＿＿＿＿＿

传　　真：＿＿＿＿＿＿＿＿＿＿＿＿＿＿

电子邮箱：＿＿＿＿＿＿＿＿＿＿＿＿＿＿

地　　址：＿＿＿＿＿＿＿＿＿＿＿＿＿＿

邮政编码：＿＿＿＿＿＿＿＿＿＿＿＿＿＿

联 系 人：＿＿＿＿＿＿＿＿＿＿＿＿＿＿

电　　话：＿＿＿＿＿＿＿＿＿＿＿＿＿＿

传　　真：＿＿＿＿＿＿＿＿＿＿＿＿＿＿

电子邮箱：＿＿＿＿＿＿＿＿＿＿＿＿＿＿

＿＿＿年＿＿＿月＿＿＿日

附件：确认通知

确 认 通 知

______（招标人名称）：

我方已于____年____月____日收到你方____年____月____日发出的______（PPP项目名称）选择社会资本方招标的投标邀请书，并确认______（参加/不参加）投标。

特此确认。

被邀请单位名称：______（盖单位章）

____年____月____日

第二章　投标人须知

投标人须知

投标人须知前附表[①]

条款号	条款名称	编 列 内 容
1.1.2	招标人	名　　称： 地　　址： 联 系 人： 电　　话： 传　　真： 电子邮箱：
1.1.3	招标代理机构	名　　称： 地　　址： 联 系 人： 电　　话： 传　　真： 电子邮箱：
1.1.4	项目名称	
1.1.5	项目建设地点	
1.2.1	项目投资金额	项目投资估算为________元
1.2.2	资本金比例[②]	项目资本金应不低于项目总投资的____%
1.2.3	资金来源	
1.3.1	招标范围	本次招标范围为选择____________（PPP 项目名称）的社会资本方

① a. 投标人须知前附表用于进一步明确正文中的未尽事宜，由招标人根据招标项目具体特点和实际需要编制和填写，但务必做到与招标文件中其他章节的衔接，与本章正文内容不一致的，以前附表填写的内容为准。

b. 投标人须知前附表中的附录表格同属投标人须知前附表内容，具有同等效力。

② 项目资本金应满足国家的相关规定。

续表

条款号	条款名称	编 列 内 容
1.3.2	操作模式	（1）本项目采用政府和社会资本合作，操作模式为 BOT 模式。中标后，社会资本方应按《中华人民共和国公司法》及其他相关法律法规和政策规定组建项目公司，由项目公司对项目的筹划、资金筹措、建设实施、运营管理、债务偿还、资产管理和项目移交等全过程负责，自主经营，自负盈亏，并在 PPP 项目合同规定的项目合作期满后，按照 PPP 项目合同的约定将公路（含土地使用权）、公路附属设施及相关资料等无偿移交给行业主管部门。 （2）政府将与社会资本方共同出资组建项目公司。经________（政府机关名称）同意，________________作为本项目的政府出资人代表，认缴项目资本金的____%，其余项目资本金由社会资本方认缴，项目资本金以外的其余建设资金由项目公司依法筹集。① （3）本项目由政府提供可行性缺口补助，补助金额或补助金额确定方式为：______，补助形式为：______，补助时间为：______。②
1.3.3	项目合作期	
1.3.4	绩效目标要求	（1）勘察设计目标：________________ （2）施工目标（工期、安全生产、环保等）：________ （3）交工验收的工程质量目标：____________ （4）竣工验收的工程质量目标：____________ （5）公路养护目标：________________ （6）运营服务目标：________________ （7）其他目标：__________________
1.4.1	投标人法人资格、财务状况、投融资能力、商业信誉和其他要求③	（1）法人资格：见附录 1 （2）财务状况：见附录 2 （3）投融资能力：见附录 3 （4）商业信誉：见附录 4 （5）其他要求：见附录 5
1.4.2	联合体	□不接受 □接受，应满足下列要求： （1）联合体所有成员数量不得超过____家； （2）还应满足下列要求：____________
1.4.3	投标人不得存在的其他关联情形	
1.4.4	投标人不得存在的其他不良状况或不良信用记录	

① 适用于政府参股项目公司的情况。
② 适用于政府提供可行性缺口补助的情况。
③ 本项目适用于未进行资格预审的情况。

续表

条款号	条款名称	编列内容
1.8.1	踏勘现场	□不组织 □组织，踏勘现场时间：________________ 踏勘现场集合地点：________________ 踏勘现场注意事项：________________
1.9.1	投标预备会	□不召开 □召开，召开时间：________________ 召开地点：________________
2.1	构成招标文件的其他材料	
2.2.1	投标人要求澄清招标文件	时间：_____年_____月_____日___时___分 形式：______________________________
2.2.2	招标文件澄清发出的形式	
2.2.3	投标人确认收到招标文件澄清	时间：收到澄清后____小时内（以发出时间为准） 形式：______________________________
2.3.1	招标文件修改发出的形式	
2.3.2	投标人确认收到招标文件修改的时间	时间：收到修改后____小时内（以发出时间为准） 形式：______________________________
3.1.6	政府用于项目前期工作的费用	总计人民币_______元
3.1.7	征地拆迁方式	本项目征地拆迁工作采用：__________（方式一或方式二或其他方式）。 方式一：政府负责项目范围内的工程建设用地及所需的施工临时用地的征用及拆迁工作，项目公司应及时足额支付相关费用，费用标准按照政府届时公布的标准执行，数量以实际发生为准，据实结算。 方式二：政府将负责本项目工程建设用地的征用及拆迁工作，征地拆迁的有关费用为_________元人民币，由政府包干使用。 其他方式：__________
3.1.9	最高投标限价①	

① 招标人应根据具体的投标报价内容设定。

续表

条款号	条款名称	编 列 内 容
3.2.1	投标有效期	自递交投标文件截止之日起计算____日①
3.3.1	投标担保	是否要求投标人递交投标担保： □要求，投标担保的金额：________________ 投标担保可采用的其他形式：______② 招标人指定的开户银行及账号如下： 账户名称：____________ 开户银行：____________ 账　　号：____________ 采用银行保函时，出具保函的银行要求： ____________________ □不要求
3.3.3	投标担保的利息计算原则	（1）计算利息的起始日期为投标截止当日，终止日期为招标人退还投标担保日期的前一日； （2）投标担保的利息按照第（1）款所述计息时间段内招标人指定汇入银行公告的活期存款利率计付，并扣除招标人汇款手续费； （3）利息金额计算至分位，分以下尾数四舍五入。
3.3.4	其他可以不予退还投标担保的情形	
3.5.4	投标文件副本份数及其他要求	投标文件副本份数：__________ 是否要求提交电子版文件：__________ 其他要求：__________
3.5.5	装订的其他要求	
4.1.2	封套上写明	投标文件封套： 招标人名称：______________ 招标人地址：______________ __________（PPP 项目名称）选择社会资本方招标投标文件 在_____年_____月_____日____时____分前不得开启 投标人名称：__________________ 银行保函封套： 招标人名称：______________ 招标人地址：______________ __________（PPP 项目名称）选择社会资本方招标投标担保（银行保函原件） 投标人名称：__________________

① 投标有效期一般为 180 日。

② 招标人不得强制限定投标担保必须采用现金或支票方式缴纳，不得拒绝银行保函形式的投标担保。

续表

条款号	条款名称	编 列 内 容
4.2.3	是否退还投标文件	□否 □是，退还时间：________
5.1	开标时间和地点	开标时间：________（同投标截止时间） 开标地点：________（同递交投标文件地点）
5.2.1	开标程序	（1）密封情况检查：________（检查投标文件是否存在提前开启情况） （2）开标顺序：________
6.1	评标委员会的组建①	评标委员会构成：共____人，其中招标人代表______人，专家______人； 评标专家确定方式：________
6.3	评标办法	综合评估法
7.1	中标候选人公示媒介及期限	公示媒介：________ 公示期限：________日 公示的其他内容：________
7.4	不可变动的核心条款	
	投资协议和 PPP 项目合同公示媒介	
7.6	中标通知书和中标结果通知发出的形式	
7.7	中标结果公告媒介及期限	公告媒介：________ 公告期限：________ 日
7.8.1	社会资本方履约担保	社会资本方履约担保金额：________ 社会资本方履约担保形式： □银行保函 □现金（电汇或银行汇票形式） 采用银行保函时，出具保函的银行要求：________
7.9.1	签订投资协议时间	中标通知书签发后____日内
7.10.1	组建项目公司期限	投资协议签订之日起____日内
7.10.1	项目公司的注册资本	
7.10.1	项目公司设立时的实收资本占注册资本的比例	____%②。

① 对于政府采购项目，采购预算金额在1000万元以上或技术复杂或社会影响大的项目，评标委员会成员人数应当为7人以上单数。

② 一般可设置为不低于注册资本的20%。

续表

条款号	条款名称	编 列 内 容
7.10.1	项目公司实收资本达到注册资本的全额的时间	自项目公司成立之日起____日内
7.11.1	建设期履约担保	建设期履约担保金额：__________ 建设期履约担保形式：__________ □银行保函 □现金（电汇或银行汇票形式） 采用银行保函时，出具保函的银行要求：__________
7.12.1	与项目公司签订PPP项目合同时间	项目公司注册登记后____日内
8.5	监督部门	监督部门：__________ 地　　址：__________ 电　　话：__________ 传　　真：__________ 邮政编码：__________ 电子邮箱：__________
需要补充的其他内容		
……		……
……		……
……		……

附录1　资格审查条件（法人资格）

资 格 条 件
在中国境内/境外依法注册的企业法人或其他组织。 如投标人为联合体，可按联合体成员分别要求。

附录2 资格审查条件（财务状况）

资格条件
（1）____年末总资产____亿元人民币以上，净资产____亿元人民币以上； （2）最近连续三年每年均为盈利，且年度财务报告应当经具有法定资格的中介机构审计；____年末资产负债率小于____%，近____年经营性现金净流量均为正值，没有处于主要财产被接管、查封、冻结等严重影响合同履行或者承担项目能力的状态。 如投标人为联合体，可按联合体成员分别要求。

附录 3　资格审查条件（投融资能力）

资 格 条 件
具有不低于项目投资估算的投融资能力，其中投资能力不低于____元，融资能力不低于：__________（项目投资估算－投标人拟投资金额）。 如投标人为联合体，可按联合体成员分别要求。

附录4　资格审查条件（商业信誉）①

资格条件
商业信誉良好，在经济活动中无重大违法违规行为。 如投标人为联合体，可按联合体成员分别要求。

① 具体商业信誉要求由招标人在满足国家相关法律法规前提下，根据招标项目具体特点和实际情况确定，但不得与“投标人须知”第1.4.4项规定的内容重复。

附录5　资格审查条件（其他要求）[①]

资格条件

① 其他要求由招标人在满足国家相关法律法规前提下，根据招标项目具体特点和实际情况确定。

1. 总则

1.1 项目概况

1.1.1 根据有关法律、法规和规章的规定，本招标项目已具备招标条件，现对本项目选择社会资本方进行招标。

1.1.2 本招标项目招标人：见投标人须知前附表。

1.1.3 本招标项目招标代理机构：见投标人须知前附表。

1.1.4 本招标项目名称：见投标人须知前附表。

1.1.5 本招标项目建设地点：见投标人须知前附表。

1.2 项目投资金额、资本金比例和资金来源

1.2.1 本项目的投资金额：见投标人须知前附表。

1.2.2 本项目的资本金比例：见投标人须知前附表。

1.2.3 本项目的资金来源：见投标人须知前附表。

1.3 招标范围、操作模式、项目合作期和绩效目标要求

1.3.1 本项目招标范围：见投标人须知前附表。

1.3.2 本项目操作模式：见投标人须知前附表。

1.3.3 本项目项目合作期：见投标人须知前附表。

1.3.4 本项目绩效目标要求：见投标人须知前附表。

1.4 投标人资格要求（适用于已进行资格预审的）

投标人应是收到招标人发出投标邀请书的单位。

1.4 投标人资格要求（适用于未进行资格预审的）

1.4.1 本项目对投标人法人资格、财务状况、投融资能力、商业信誉和其他要求：见投标人须知前附表。

1.4.2 投标人须知前附表规定接受联合体投标的，联合体各方应遵守投标人须知前附表的要求和以下规定：

（1）联合体各方必须按招标文件提供的格式签订联合体协议书，明确联合体牵头人和各方的权利义务、出资额或出资比例，联合体所有成员均应参股项目公司，联合体牵头人应当为联合体内部出资比例最大的一方；

（2）联合体各方不得再以自己名义单独或加入其他联合体在同一项目中投标，否则，相关投标均无效；

（3）联合体各方应分别按照本招标文件的要求，填写投标文件中的相应表格，并由联合体牵头人负责对联合体各成员的资料进行统一汇总后一并提交给招标人；联合体牵头人所提交的投标文件应认为已代表了联合体各成员的意愿和真实情况；

（4）联合体所有成员数量不得超过投标人须知前附表规定的数量；

（5）尽管委任了联合体牵头人，但联合体各成员在投标、签约与履行合同过程中，仍负有连带的和各自的法律责任。

1.4.3　投标人（包括联合体各成员）不得与本次招标相关单位存在下列关联关系①：

（1）为招标人不具有独立法人资格的附属机构（单位）；

（2）与招标人存在利害关系可能影响招标公正性；

（3）与本次招标的其他投标人同为一个单位负责人；

（4）与本次招标的其他投标人存在控股、管理关系；

（5）为本次招标的招标代理机构；

（6）与本次招标的招标代理机构同为一个法定代表人；

（7）法律法规或投标人须知前附表规定的其他情形。

1.4.4　投标人（包括联合体各成员）不得存在下列不良状况或不良信用记录：

（1）被省级及以上行业主管部门取消招标项目所在地的投标资格且处于有效期内；

（2）被责令停业，暂扣或吊销执照，或吊销资质证书；

（3）进入清算程序，或被宣告破产，或其他丧失履约能力的情形；

（4）在国家企业信用信息公示系统（http：//www.gsxt.gov.cn/）中被列入严重违法失信企业名单；

（5）在"信用中国"网站（http：//www.creditchina.gov.cn/）中被列入失信被执行人名单；

（6）法律法规或投标人须知前附表规定的其他情形。

1.5　费用承担

投标人准备和参加投标活动发生的所有费用自理。

1.6　保密

参与招标投标活动的各方应对招标文件和投标文件中的商业和技术等秘密保密，否则应承担相应的法律责任。

1.7　语言文字

招标投标文件使用的语言文字为中文。专用术语使用外文的，应附有中文注释。

1.8　踏勘现场

1.8.1　第一章"招标公告/投标邀请书"规定组织踏勘现场的，招标人按规定的时间、地点组织投标人踏勘项目现场。部分投标人未按时参加踏勘现场的，不影响踏勘现场的正常进行。招标人不得组织单个或部分投标人踏勘项目现场。

1.8.2　投标人踏勘现场发生的费用自理。

---

①　招标人应在投标人须知前附表中明确为本项目前期准备提供设计或咨询服务的法人或其任何附属机构（单位）是否可以参与投标。

1. 8. 3　除招标人的原因外，投标人自行负责在踏勘现场中所发生的人员伤亡和财产损失。

1. 8. 4　招标人在踏勘现场中介绍的工程场地和相关的周边环境情况，供投标人在编制投标文件时参考，招标人不对投标人据此作出的判断和决策负责。

1. 9　投标预备会

1. 9. 1　第一章“招标公告/投标邀请书”规定召开投标预备会的，招标人按规定的时间和地点召开投标预备会，澄清投标人提出的问题。

1. 9. 2　投标人应按投标人须知前附表规定的时间和形式将提出的问题送达招标人，以便招标人在会议期间澄清。

1. 9. 3　投标预备会后，招标人将对投标人所提问题的澄清，以本章第 2. 2 款规定的形式通知所有购买招标文件的投标人。该澄清内容为招标文件的组成部分。

1. 10　响应和偏差

1. 10. 1　投标文件偏离招标文件某些要求，视为投标文件存在偏差。偏差包括重大偏差和细微偏差。

1. 10. 2　投标文件应对招标文件的实质性要求和条件作出满足性的响应，否则，视为投标文件存在重大偏差，投标人的投标将被否决。投标文件作出比招标文件要求更有利于招标人的承诺，不视为存在偏差。

投标文件存在第三章“评标办法”中所列任一否决投标情形的，均属于存在重大偏差。

1. 10. 3　投标文件中的下列偏差为细微偏差：

（1）项目公司组建方案、项目建设方案、项目运营方案、移交方案不够完善；

（2）投标文件页码不连续、采用活页夹装订、个别文字有遗漏错误等不影响投标文件实质性内容的偏差。

1. 10. 4　评标委员会对投标文件中的细微偏差按如下规定处理：

（1）对于本章第 1. 10. 3 项（1）目所述的细微偏差，可在相关评分因素的评分中酌情扣分；

（2）对于本章第 1. 10. 3 项（2）目所述的细微偏差，可要求投标人对细微偏差进行澄清。

1. 10. 5　投标人应根据招标文件的要求提供项目公司组建方案、项目建设方案、项目运营方案、移交方案等内容以对招标文件作出响应。

2. 招标文件

2. 1　招标文件的构成

2. 1. 1　本招标文件包括：

（1）招标公告/投标邀请书；

（2）投标人须知；

（3）评标办法；

（4）投资协议；

（5）PPP 项目合同；

（6）投标文件格式；

（7）招标项目基础资料。

根据本章第 1. 9 款、第 2. 2 款和第 2. 3 款对招标文件所作的澄清、修改，构成招标文件的组成部分。

当招标文件、招标文件的澄清或修改等在同一内容的表述上不一致时，以最后发出的书面文件为准。

2. 2　招标文件的澄清

2. 2. 1　投标人应仔细阅读和检查招标文件的全部内容。如发现缺页或附件不全，应及时向招标人提出，以便补齐。如有疑问，应按投标人须知前附表规定的时间和形式将提出的问题送达招标人，要求招标人对招标文件予以澄清。

2. 2. 2　招标文件的澄清以投标人须知前附表规定的形式发给所有购买招标文件的投标人，但不指明澄清问题的来源。澄清发出的时间距本章第 4. 2. 1 项规定的投标截止时间不足 15 日，且澄清内容可能影响投标文件编制的，将相应延长投标截止时间。

2. 2. 3　投标人在收到澄清后，应按投标人须知前附表规定的时间和形式通知招标人，确认已收到该澄清。

2. 2. 4　除非招标人认为确有必要答复，否则，招标人有权拒绝回复投标人在本章第 2. 2. 1 项规定的时间后提出的任何澄清要求。

2. 3　招标文件的修改

2. 3. 1　招标人以投标人须知前附表规定的形式修改招标文件，并通知所有已购买招标文件的投标人。修改招标文件的时间距本章第 4. 2. 1 项规定的投标截止时间不足 15 日，且修改内容可能影响投标文件编制的，将相应延长投标截止时间。

2. 3. 2　投标人收到修改内容后，应按投标人须知前附表规定的时间和形式通知招标人，确认已收到该修改。

2. 4　对招标文件的异议

投标人或者其他利害关系人对招标文件有异议的，应当在投标截止时间 10 日前以书面形式提出。招标人应当自收到异议之日起 3 日内作出答复；作出答复前，将暂停招标投标活动。

3. 投标文件

3. 1　投标文件的构成及投标人应考虑的因素

3. 1. 1　投标文件应包括下列内容：

（1）投标函；

（2）授权委托书或法定代表人身份证明；

（3）联合体协议书；

（4）投标担保；

（5）关于投资协议、PPP 项目合同条款的建议；

（6）资格审查资料；

（7）项目实施计划；

（8）其他材料。

3. 1. 2　投标人须知前附表规定不接受联合体投标的，或投标人没有组成联合体的，投标文件不包括本章第 3. 1. 1 项（4）目所指的联合体协议书。

3. 1. 3　投标人须知前附表未要求提交投标担保的，投标文件不包括本章第 3. 1. 1 项（4）目所指的投标担保。

3. 1. 4　投标人在详细研究招标文件中的投资协议、PPP 项目合同之后，应在投标文件中写明对投资协议、PPP 项目合同条款的建议并阐述理由。上述建议和理由应在满足国家法律法规的前提下，有利于项目的建设、运营、移交等，是合同谈判的依据，但并不意味着招标人必须接受上述建议。

3. 1. 5　随同投标文件提交的项目实施计划应满足本招标文件的要求，并需进行详细论述，证明投标人各项计划与方案的合理性和可行性。投标人提交的项目实施计划将作为对投标文件进行综合评审的主要依据，该计划也是投标人组建项目公司及政府及其相关部门对项目各实施阶段进行监督管理的依据。

3. 1. 6　投标人应将政府用于项目的前期工作（包括预可行性研究、可行性研究、各项评估（评价）及招标等）费用列入项目建设成本，政府用于项目前期工作的费用总额见投标人须知前附表。项目前期工作费用的支付规定见 PPP 项目合同。

3. 1. 7　本项目征地拆迁将按投标人须知前附表的规定进行。

3. 1. 8　本项目不承诺固定的投资回报率。投标人应在考虑收回投资及获得合理回报的前提下通过测算提出投标报价。

投标人应按可行性研究报告中拟订的技术方案和技术标准自行测算项目的总投资、运营养护及其他费用和各项收益。可行性研究报告中提供的交通量预测、投资估算、财务分析等各项数据仅供投标人参考，投标人应自行调查当地实际情况以便获得更为翔实准确的资料。投标人应自行承担套用工可报告内容进行测算和财务分析的全部风险。

（1）项目总投资应包括从项目筹划、预可行性研究、可行性研究、勘察设计、征地拆迁、施工至项目建成通车期间的全部投资和费用。

（2）项目运营养护费用应包括项目的日常养护费、大中修费用、营运管理费等费用。

(3) 项目收益应包括直接收益（通行费收入）和间接收益（服务设施、广告经营收入等）。

投标人应根据上述数据对项目进行财务分析（包括计算项目资本金内部收益率、项目净现值、投资回收期等财务指标）、风险分析和测算，并在此基础上向招标人提出对于竞标因素的具体要求。投标人应充分考虑项目合作期内其所承担的各种风险。

除非投资协议另有规定，投标人中标后，其在投标文件中提出的投标报价将不得更改。

3.1.9 招标人设有最高投标限价的，投标人的投标报价不得超过最高投标限价，最高投标限价在投标人须知前附表中载明。

3.2 投标有效期

3.2.1 除投标人须知前附表另有规定外，投标有效期为 180 日。

3.2.2 在投标有效期内，投标人撤销投标文件的，应承担招标文件和法律规定的责任。

3.2.3 出现特殊情况需要延长投标有效期的，招标人以书面形式通知所有投标人延长投标有效期。投标人应予以书面答复，同意延长的，应相应延长其投标担保的有效期，但不得要求或被允许修改其投标文件；投标人拒绝延长的，其投标失效，但投标人有权收回其投标担保及以现金或支票形式递交的投标担保的银行同期活期存款利息。

3.3 投标担保

3.3.1 投标人在递交投标文件的同时，应按投标人须知前附表规定的金额和第六章“投标文件格式”规定的投标担保格式递交投标担保，并作为其投标文件的组成部分。联合体投标的，其投标担保由牵头人递交，并应符合投标人须知前附表的规定。

投标担保应采用现金、支票、银行保函或招标人在投标人须知前附表规定的其他形式。

(1) 若采用现金或支票，投标人应在递交投标文件截止时间之前，将投标担保由投标人的基本账户一次性转入招标人指定账户，否则视为投标担保无效。招标人指定的开户银行及账号见投标人须知前附表。

(2) 若采用银行保函，则应由符合投标人须知前附表规定级别的银行开具，并采用招标文件提供的格式。银行保函复印件装订在投标文件内，原件应在递交投标文件截止时间之前单独密封递交给招标人。

无论采取何种形式的投标担保，投标担保有效期均应与投标有效期一致。招标人如果按本章第 3.2.3 项的规定延长了投标有效期，则投标担保的有效期也相应延长。

3.3.2 投标人不按本章第 3.3.1 项要求提交投标担保的，评标委员会将否决其投标。

3.3.3 招标人最迟将在中标通知书发出后 5 日内向中标候选人以外的其他投标人退还

投标担保，与中标人签订投资协议后5日内向中标人和其他中标候选人退还投标担保。投标担保以现金或支票形式递交的，招标人应同时退还投标担保的银行同期活期存款利息，且退还至投标人的基本账户。

利息计算原则见投标人须知前附表。

3.3.4　有下列情形之一的，投标担保将不予退还：

（1）投标人在规定的投标有效期内撤销投标文件；

（2）中标后无正当理由不与招标人签订投资协议，在签订投资协议时向招标人提出附加条件，或不按照招标文件要求提交社会资本方履约担保；

（3）发生投标人须知前附表规定的其他可以不予退还投标担保的情形。

3.4　资格审查资料（适用于已进行资格预审的）

3.4.1　投标人在递交投标文件前，发生可能影响其投标资格的新情况的，应在投标文件中更新或补充其在申请资格预审时提供的资料，以证实其各项资格条件仍能继续满足资格预审文件的要求。

3.4.2　如果投标人在投标阶段发生合并、分立、破产等重大变化，或由于其他任何情况，导致投标人不再具备资格预审文件规定的各项资格条件或其投标影响招标公正性时，投标人必须在其投标文件中对上述情况进行如实说明，否则，招标人一经查实，将视为投标人弄虚作假，其投标将被否决。

3.4.3　招标人有权核查投标人在资格预审申请文件和投标文件中提供的资料，若在评标期间发现投标人提供了虚假资料，其投标将被否决；若在签订投资协议前发现作为中标候选人的投标人提供了虚假资料，招标人有权取消其中标资格；若在签署投资协议后发现投标人提供了虚假资料，招标人有权按照投资协议约定从社会资本方履约担保中扣除相应的违约金。

3.4　资格审查资料（适用于未进行资格预审的）

3.4.1　投标人须按招标文件第六章“投标文件格式”中规定的表格内容填写投标文件附表，并按各投标文件附表的具体要求提供相关证件及证明材料。

3.4.2　投标人须知前附表规定接受联合体投标的，本章第3.4.1项规定的表格和资料应包括联合体各方相关情况。

3.5　投标文件的编制

3.5.1　投标文件应按第六章“投标文件格式”进行编写，如有必要，可以增加附页，作为投标文件的组成部分。

3.5.2　投标文件应当对招标文件有关招标范围、项目合作期、投标有效期、绩效目标要求等实质性内容作出响应。

3.5.3　投标文件应用不褪色的材料书写或打印。投标文件格式中明确要求投标人法定代表人或其委托代理人签字之处，必须由相关人员亲笔签名，不得使用印章、签名章或其他电子制版签名代替；明确要求投标人加盖单位章之处，必须加盖单位章。其中，投标函及对投标文件的澄清和说明应加盖投标人单位章，或由投标人的法定代表人或其委托代理人签字。

如果投标文件由委托代理人签署，则投标人须提交授权委托书，授权委托书应按第六章“投标文件格式”的要求出具，并由法定代表人和委托代理人亲笔签名，不得使用印章、签名章或其他电子制版签名代替。

如果由投标人的法定代表人亲自签署投标文件，则投标人须提交法定代表人身份证明，身份证明应符合第六章“投标文件格式”的要求。

以联合体形式参与投标的，投标文件由联合体牵头人的法定代表人或其委托代理人按上述规定签署并加盖联合体牵头人单位章。法定代表人授权委托书或法定代表人身份证明须由联合体牵头人按上述规定出具。

投标文件应尽量避免涂改、行间插字或删除。如果出现上述情况，改动之处应由投标人的法定代表人或其授权的代理人签字或盖单位章。

3.5.4 投标文件正本一份，副本份数见投标人须知前附表，副本为正本的复印件。正本和副本的封面右上角上应清楚地标记“正本”或“副本”字样。投标人应根据投标人须知前附表要求提供电子版文件。当副本和正本不一致或电子版文件和纸质正本文件不一致时，以纸质正本文件为准。

3.5.5 投标文件的正本与副本应分别装订成册（A4 纸幅），编制目录并逐页标注连续页码。投标文件不得采用活页夹装订，否则，招标人对由于投标文件装订松散而造成的丢失或其他后果不承担任何责任。装订的其他要求见投标人须知前附表。

4. 投标

4.1 投标文件的密封和标识

4.1.1 投标文件应采用单信封形式密封。投标文件的正本与副本、投标文件电子版文件（如需要）应统一密封在一个封套中。

采用银行保函形式提交投标担保的，银行保函原件应密封在单独的封套中。

4.1.2 投标文件以及银行保函封套上应写明的内容见投标人须知前附表。

4.1.3 未按本章第 4.1.1 项要求密封的投标文件，招标人将予以拒收。

4.2 投标文件的递交

4.2.1 投标人应在第一章“招标公告/投标邀请书”规定的投标截止时间前递交投标文件。

4.2.2 投标人递交投标文件的地点：见第一章“招标公告/投标邀请书”。

4.2.3 除投标人须知前附表另有规定外，投标人所递交的投标文件不予退还。投标人少于 3 个的，投标文件当场退还给投标人。

4.2.4 招标人收到投标文件后，向投标人出具签收凭证。

4.2.5 逾期送达的或者未送达指定地点的或者不按照招标文件要求密封的投标文件，招标人不予受理。

4.3 投标文件的修改与撤回

4.3.1 在本章第4.2.1项规定的投标截止时间前，投标人可以修改或撤回已递交的投标文件，但应以书面形式通知招标人。

4.3.2 投标人修改或撤回已递交投标文件的书面通知应按照本章第3.5款的要求签字或盖单位章。招标人收到书面通知后，向投标人出具签收凭证。

4.3.3 投标人撤回投标文件的，招标人自收到投标人书面撤回通知之日起5日内退还已收取的投标担保。

4.3.4 修改的内容为投标文件的组成部分。修改的投标文件应按照本章第3条、第4条的规定进行编制、密封、标记和递交，并标明“修改”字样。

5. 开标

5.1 开标时间和地点

招标人在本章第4.2.1项规定的投标截止时间（开标时间）和投标人须知前附表规定的地点公开开标，并邀请所有投标人的法定代表人或其委托代理人准时参加。

投标人若未派法定代表人或委托代理人出席开标活动，视为该投标人默认开标结果。

5.2 开标程序

5.2.1 主持人按下列程序进行开标：

（1）宣布开标纪律；

（2）公布在投标截止时间前递交投标文件的投标人数量；

（3）宣布开标人、唱标人、记录人等有关人员姓名；

（4）按照投标人须知前附表规定由投标人推选的代表检查投标文件的密封情况；

（5）按照投标人须知前附表规定的开标顺序当众开标，公布投标人名称、投标担保的递交情况、投标报价等内容，并记录在案；

（6）投标人代表、招标人代表、记录人等有关人员在开标记录上签字确认；

（7）开标结束。

5.2.2 若招标人宣读的内容与投标文件不符，投标人有权在开标现场提出疑问，经招标人当场核查确认之后，可重新宣读其投标文件。若投标人现场未提出疑问，则认为投标人已确认招标人宣读的内容。

5.3 开标异议

投标人对开标有异议的，应在开标现场提出，招标人当场作出答复，并制作记录，有异议的投标人代表、招标人代表、记录人等有关人员在记录上签字确认。

6. 评标

6.1　评标委员会

6.1.1　评标由招标人依法组建的评标委员会负责。评标委员会由招标人熟悉相关业务的代表，以及公路、金融、财务等方面的专家组成。评标委员会人数为七人以上单数，具体构成见投标人须知前附表。

6.1.2　评标委员会成员有下列情形之一的，应主动提出回避：

（1）与投标人法定代表人或其委托代理人有近亲属关系；

（2）为投标人的工作人员或退休人员；

（3）与投标人有其他利害关系，可能影响评标活动公正性；

（4）在与招标投标有关的活动中有过违法违规行为、曾受过行政处罚或刑事处罚。

6.1.3　评标过程中，评标委员会成员有回避事由、擅离职守或因健康等原因不能继续评标的，招标人有权更换。被更换的评标委员会成员作出的评审结论无效，由更换后的评标委员会成员重新进行评审。

6.2　评标原则

评标活动遵循公平、公正、科学、择优的原则。

6.3　评标

6.3.1　本项目采用的评标方法见投标人须知前附表。评标委员会按照第三章“评标办法”的规定对投标文件进行评审。第三章“评标办法”没有规定的方法、评审因素和评分值，不作为评标依据。

6.3.2　评标完成后，评标委员会应向招标人提交书面评标报告和中标候选人名单。

7. 合同授予①

7.1　中标候选人公示

招标人在收到评标报告之日起 3 日内，按照投标人须知前附表规定的公示媒介和期限公示中标候选人，公示期不得少于 3 日，公示内容包括：

（1）中标候选人排序、名称、投标报价；

（2）中标候选人在投标文件中填报的项目业绩；

（3）被否决投标的投标人名称、否决依据和原因；

（4）提出异议的渠道和方式；

（5）投标人须知前附表规定公示的其他内容。

① 对于政府采购项目，本款从其规定做相应调整。

7.2 评标结果异议

投标人或其他利害关系人对依法必须进行招标的项目的评标结果有异议的，应在中标候选人公示期间提出。招标人将在收到异议之日起3日内作出答复；作出答复前，将暂停招标投标活动。

7.3 中标候选人履约能力审查

中标候选人的经营、财务状况发生较大变化或存在违法行为，招标人认为可能影响其履约能力的，将在发出中标通知书前提请原评标委员会按照招标文件规定的标准和方法进行审查确认。

7.4 合同谈判及公示

中标候选人公示结束后，招标人应当组建谈判小组，按照中标候选人排名依次与中标候选人进行确认谈判，率先达成一致的中标候选人即为预中标人。

评标结果确认谈判双方可以就投资协议、PPP项目合同中可协商条款进行谈判，但不得涉及不可变动的核心条款，并应签署确认谈判备忘录。不可变动的核心条款见投标人须知前附表。

招标人在预中标人确定后10个工作日内，应将确认谈判备忘录、拟签订的投资协议和PPP项目合同在投标人须知前附表指定的媒介上进行公示，公示期不得少于5个工作日。投资协议和PPP项目合同中涉及国家秘密、商业秘密的内容可以不公示。

7.5 定标

招标人应依据谈判小组确认的预中标人确定中标人。

7.6 中标通知

在本章第3.2款规定的投标有效期内，招标人以投标人须知前附表规定的形式向中标人发出中标通知书，同时将中标结果通知未中标的投标人。

7.7 中标结果公告

招标人在确定中标人之日起3日内，按照投标人须知前附表规定的公告媒介和期限公告中标结果，公告期不得少于3日。公告内容包括中标人名称、中标价。

7.8 社会资本方履约担保

在收到中标通知书后并在签订投资协议之前，中标人应按投标人须知前附表规定的金额、形式和招标文件第四章“投资协议”规定的或事先经过招标人书面认可的履约担保格式向招标人提交社会资本方履约担保。联合体中标的，其履约担保以联合体各方或联合体中牵头人的名义提交。

采用银行保函时，应由符合投标人须知前附表规定级别的银行开具，所需的费用由中标人承担，中标人应保证银行保函有效。

7.9 签署投资协议

7.9.1 中标人应在投标人须知前附表规定的期限内，与招标人签订投资协议。中标人无正当理由拒签投资协议的，在签订投资协议时向招标人提出附加条件，或不按照本章第 7.8 款要求提交履约担保的，招标人取消其中标资格，其投标担保不予退还；给招标人造成的损失超过投标担保数额的，中标人还应对超过部分予以赔偿。

7.9.2　发出中标通知书后，招标人无正当理由拒签投资协议，或在签订投资协议时向中标人提出附加条件的，招标人向中标人退还投标担保；给中标人造成损失的，还应赔偿损失。

7.9.3　投资协议经双方法定代表人或其授权的代理人签署、加盖单位章并经有权部门批准后生效。联合体中标的，联合体各方应共同与招标人签订投资协议，就中标项目向招标人承担连带责任。

7.9.4　如果根据招标文件规定，招标人取消了中标人的中标资格，在此情况下，招标人可将投资协议授予下一个中标候选人，或者按规定重新组织招标。

7.10　组建项目公司

7.10.1　中标人如需组建项目公司，应在投标人须知前附表规定的时间内，按照下列规定组建项目公司，在报请招标人审批后在项目所在地市场监督管理部门进行注册登记获得法人资格。

（1）项目公司的注册资本应不少于投标人须知前附表规定的金额。项目公司设立时的实收资本应不低于投标人须知前附表规定的比例，建设期内中标人应在确保项目建设进度的前提下增加项目公司的实收资本，且使项目公司的实收资本在投标人须知前附表规定时间内达到注册资本的全额；

（2）按投标文件中的承诺设置或委托具备与绩效目标相适应的组织、技术、财务、管理人员和相应机构。

7.10.2　如中标人未能按招标文件的规定组建项目公司，或虽已遵守招标文件的规定但招标人认为其尚无实施本项目的足够能力时，中标人应按招标人的指示完善项目公司的机构设置、人员配备、资金筹措等方面工作，直至招标人批准为止。

7.10.3　政府参股项目公司的，中标人应与政府或其授权单位共同组建项目公司。

7.11　建设期履约担保

7.11.1　项目公司应在签订 PPP 项目合同前，按投标人须知前附表规定的金额、形式和招标文件第五章“PPP 项目合同”规定的建设期履约担保格式向招标人提交建设期履约担保。采用银行保函时，出具银行保函的银行要求在投标人须知前附表中说明，所需的费用由项目公司承担，项目公司应保证银行保函有效。

7.12　签署 PPP 项目合同

7.12.1　项目公司在投标人须知前附表规定的期限内，应与招标人签订 PPP 项目合同。项目公司拒签 PPP 项目合同的，或在签订 PPP 项目合同时向招标人提出附加条件的，或不按照招标文件要求提交建设期履约担保的，招标人将按照投资协议约定扣除其违约金。

7.12.2　PPP 项目合同经双方法定代表人或其授权的代理人签署、加盖单位章并经有权部门批准后生效。

8. 纪律和监督

8.1　对招标人的纪律要求

招标人不得泄漏招标投标活动中应当保密的情况和资料，不得与投标人串通损害国家利益、社会公共利益或者他人合法权益。

8.2　对投标人的纪律要求

投标人不得相互串通投标或者与招标人串通投标，不得向招标人或者评标委员会成员行贿谋取中标，不得以他人名义投标或者以其他方式弄虚作假骗取中标；投标人不得以任何方式干扰、影响评标工作。

8.3　对评标委员会成员的纪律要求

评标委员会成员不得收受他人的财物或者其他好处，不得向他人透漏对投标文件的评审和比较、中标候选人的推荐情况以及评标有关的其他情况。在评标活动中，评标委员会成员应客观、公正地履行职责，遵守职业道德，不得擅离职守，影响评标程序正常进行，不得使用第三章“评标办法”没有规定的评审因素和标准进行评标。

8.4　对与评标活动有关的工作人员的纪律要求

与评标活动有关的工作人员不得收受他人的财物或者其他好处，不得向他人透漏对投标文件的评审和比较、中标候选人的推荐情况以及评标有关的其他情况。在评标活动中，与评标活动有关的工作人员不得擅离职守，影响评标程序正常进行。

8.5　投诉

8.5.1　投标人或其他利害关系人认为招标投标活动不符合法律、行政法规规定的，可以自知道或应当知道之日起 10 日内向有关行政监督部门投诉。投诉应有明确的请求和必要的证明材料。

监督部门的联系方式见投标人须知前附表。

8.5.2　投标人或其他利害关系人对招标文件、开标和评标结果提出投诉的，应按照本章第 2.4 款、第 5.3 款和第 7.2 款的规定先向招标人提出异议。异议答复期间不计算在第 8.5.1 项规定的期限内。

9. 其他规定

9.1　自购买招标文件之日起，投标人应保证其提供的联系方式（电话、传真、电子邮件）一直有效，以便及时收到招标人发出的函件（招标文件的澄清、修改等），并应及时向招标人反馈信息，否则招标人不承担由此引起的一切后果。

需要补充的其他内容：见投标人须知前附表。

第三章　评 标 办 法

评标办法（综合评估法）

评标办法前附表[①]

条款号	条款名称	评审因素与评审标准
1	评标方法 （综合评估法）	综合评分相等时，评标委员会依次按照以下优先顺序推荐中标候选人： （1）…… （2）……
2.1.1、 2.1.3	形式评审与响应性评审标准	（1）投标文件按照招标文件规定的格式、内容填写，字迹清晰可辨； （2）投标文件上法定代表人或其委托代理人的签字、投标人的单位章盖章齐全，符合招标文件规定； （3）与申请资格预审时比较，投标人发生合并、分立、破产等重大变化的，仍具备资格预审文件规定的相应资格条件且其投标未影响招标公正性； （4）投标人按照招标文件的规定提供了投标担保； （5）投标人法定代表人授权委托代理人签署投标文件的，须提交授权委托书，且授权人和被授权人均在授权委托书上签名，未使用印章、签名章或其他电子制版签名代替； （6）投标人法定代表人亲自签署投标文件的，提供了法定代表人身份证明，且法定代表人在法定代表人身份证明上签名，未使用印章、签名章或其他电子制版签名代替； （7）投标人以联合体形式投标时，联合体满足招标文件的要求； （8）同一投标人未提交两个以上不同的投标文件，但招标文件要求提交备选投标的除外； （9）投标文件载明的投标报价未超过招标文件规定的最高投标限价； （10）投标报价的大写金额能够确定具体数值（如有）； （11）投标文件对招标文件的实质性要求和条件作出响应；

① 招标人应根据招标项目具体特点和实际需要，详细列明全部评审因素和评分值，没有列明的因素和评分值不得作为评标的依据。招标人应将导致否决其投标的全部条款集中在“评标办法前附表”中。

续表

条款号	条款名称	评审因素与评审标准
2.1.1 2.1.3	形式评审与响应性评审标准	（12）除招标文件规定的可谈判条款外，投标文件没有对招标人的权利提出削弱性或限制性要求，没有对投标人的责任和义务提出实质性修改； （13）投标人承诺投入的项目资本金（包括总额、首期到位资本金以及资本金全部到位时间等）满足招标文件要求； （14）资金筹集方案到位时间和金额满足招标文件要求； （15）投标人承诺的绩效目标不低于招标文件规定； （16）投标文件正、副本份数符合招标文件第二章“投标人须知”第3.5.4项规定； ……
2.1.2	资格评审标准①	（1）投标人具备有效的营业执照和基本存款账户； （2）投标人的法人资格符合第二章“投标人须知”前附表附录1的规定； （3）投标人的财务状况符合第二章“投标人须知”前附表附录2的规定； （4）投标人的投融资能力符合第二章“投标人须知”前附表附录3的规定； （5）投标人的商业信誉符合第二章“投标人须知”前附表附录4的规定； （6）投标人的其他要求符合第二章“投标人须知”前附表附录5的规定； （7）投标人不存在第二章“投标人须知”第1.4.3项或第1.4.4项规定的任何一种情形； （8）以联合体形式参与投标的，联合体各方均未再以自己名义单独或参加其他联合体在同一项目中投标；独立参与投标的，投标人未同时参加联合体在同一项目中投标； ……
2.2.1	分值构成 （总分100分）	投标报价：＿＿＿＿＿分 管理经验：＿＿＿＿＿分 专业能力：＿＿＿＿＿分 投资能力：＿＿＿＿＿分 融资实力：＿＿＿＿＿分 信用状况：＿＿＿＿＿分 其他评分因素：＿＿＿＿分

① 本项适用于未进行资格预审的情况，政府采购项目应做相应修改。

续表

条款号	条款名称	评审因素与评审标准				
		评分因素与评分值①				评分标准②
		评分因素	评分因素评分值	各评分因素细分项	分值	
2.2.2	评分标准	投标报价③	____分	……	____分	……
		管理经验	____分	投融资经验	____分	……
				建设管理经验		
				运营管理经验	____分	……
		专业能力	____分	投融资方案	____分	……
				项目公司组建方案	____分	……
				项目建设方案	____分	
				项目运营方案	____分	……
				项目移交方案	____分	……
				……	____分	……
		投资能力	____分	……	____分	……
		融资实力	____分	……	____分	……
		信用状况	____分	……	____分	……
		其他评分因素	____分	……	____分	……
3.5.1	评标结果	推荐的中标候选人的人数为____名				

① 招标人应根据招标项目特点合理设置各评分因素的评分值，其中投标报价评分值宜在50分左右。各评分因素得分均不应低于其评分满分值的60%（对于政府采购项目，无此要求），且各评分因素得分应以评标委员会各成员的打分平均值确定，评标委员会成员总数为7人及以上时，该平均值以去掉一个最高和一个最低分后计算。

② 招标人应列明各评分因素或各评分因素细分项（如有）的评分标准（即评标细则应在招标文件中明确）并作为评标委员会进行评分的依据。

③ 投标报价可以设置为项目合作期限、需要政府给予的财政补贴额度、基准年通行票价、交通量最低需求等一项或者多项因素。

1. 评标方法

本次评标采用综合评估法。评标委员会对满足招标文件实质性要求的投标文件，按照本章第 2. 2 款规定的评分标准进行打分，并按得分由高到低的顺序推荐中标候选人。综合评分相等时，评标委员会应按照评标办法前附表规定的优先次序推荐中标候选人。

2. 评审标准

2. 1　评审标准

2. 1. 1　形式评审标准：见评标办法前附表。

2. 1. 2　资格评审标准：见评标办法前附表（适用于未进行资格预审的）。

2. 1. 2　资格评审标准：见资格预审文件第三章“资格审查办法”详细审查标准（适用于已进行资格预审的）。

2. 1. 3　响应性评审标准：见评标办法前附表。

2. 2　分值构成与评分标准

2. 2. 1　分值构成

各评分因素：见评标办法前附表。

2. 2. 2　评分标准

各评分因素的评分标准：见评标办法前附表。

3. 评标程序

3. 1　初步评审

3. 1. 1　评标委员会可以要求投标人提交第二章“投标人须知”第 3. 4 款规定的有关证明和证件的原件，以便核验。评标委员会依据本章第 2. 1 款规定的评审标准对投标文件进行初步评审。有一项不符合评审标准的，评标委员会应否决其投标。（适用于未进行资格预审的）

3. 1. 1　评标委员会依据本章第 2. 1. 1 项、第 2. 1. 3 项规定的评审标准对投标文件进行初步评审。有一项不符合评审标准的，当投标人资格预审申请文件的内容发生重大变化时，评标委员会依据本章第 2. 1. 2 项规定的标准对其更新资料进行评审。（适用于已进行资格预审的）

3. 2　详细评审

3. 2. 1　评标委员会按本章第 2. 2 款规定的量化因素和分值进行打分，并计算出综合评估得分。

3. 2. 2　评分分值计算保留小数点后两位，小数点后第三位“四舍五入”。

3.3 串通投标、弄虚作假的评审

3.3.1 评标委员会应对在评标过程中发现的投标人与投标人之间、投标人与招标人之间存在的串通投标的情形进行评审和认定。投标人存在串通投标、弄虚作假、行贿等违法行为的，评标委员会应否决其投标。

（1）有下列情形之一的，属于投标人相互串通投标：

a. 投标人之间协商投标报价等投标文件的实质性内容；

b. 投标人之间约定中标人；

c. 投标人之间约定部分投标人放弃投标或中标；

d. 属于同一集团、协会、商会等组织成员的投标人按照该组织要求协同投标；

e. 投标人之间为谋取中标或排斥特定投标人而采取的其他联合行动。

（2）有下列情形之一的，视为投标人相互串通投标：

a. 不同投标人的投标文件由同一单位或个人编制；

b. 不同投标人委托同一单位或个人办理投标事宜；

c. 不同投标人的投标文件载明的项目管理成员为同一人；

d. 不同投标人的投标文件异常一致或投标报价呈规律性差异；

e. 不同投标人的投标文件相互混装；

f. 不同投标人的投标担保从同一单位或个人的账户转出。

（3）有下列情形之一的，属于招标人与投标人串通投标：

a. 招标人在开标前开启投标文件并将有关信息泄露给其他投标人；

b. 招标人直接或间接向投标人泄露标底、评标委员会成员等信息；

c. 招标人明示或暗示投标人压低或抬高投标报价；

d. 招标人授意投标人撤换、修改投标文件；

e. 招标人明示或暗示投标人为特定投标人中标提供方便；

f. 招标人与投标人为谋求特定投标人中标而采取的其他串通行为。

（4）投标人有下列情形之一的，属于弄虚作假的行为：

a. 使用通过受让或租借等方式获取的资格、资质证书投标；

b. 使用伪造、变造的许可证件；

c. 提供虚假的财务状况或业绩；

d. 提供虚假的项目负责人或主要技术人员简历、劳动关系证明；

e. 提供虚假的信用状况；

f. 其他弄虚作假的行为。

3.4 投标文件的澄清和说明

3.4.1 在评标过程中，评标委员会可以书面形式要求投标人对投标文件中含义不明确的内容、明显文字或计算错误进行书面澄清或说明。评标委员会不接受投标人主动提

出的澄清、说明。投标人不按评标委员会要求澄清或说明的，评标委员会应否决其投标。

3.4.2　澄清和说明不得超出投标文件的范围或改变投标文件的实质性内容（算术性错误的修正除外）。投标人的书面澄清、说明属于投标文件的组成部分。

3.4.3　评标委员会不得暗示或诱导投标人作出澄清、说明，对投标人提交的澄清、说明有疑问的，可以要求投标人进一步澄清或说明。

3.4.4　凡超出招标文件规定的或给发包人带来未曾要求的利益的变化、偏差或其他因素在评标时不予考虑。

3.5　评标结果

3.5.1　评标委员会按照得分由高到低的顺序并按评标办法前附表规定的人数推荐中标候选人，并标明排序。

3.5.2　评标委员会完成评标后，应向招标人提交书面评标报告。

第四章　投资协议

一、投资协议

投资协议

甲方：____________________

乙方：__________（乙方为联合体的，包括联合体牵头人和全部成员，下同）

鉴于甲方通过招标方式选择乙方担当__________政府和社会资本合作公路项目（项目名称，以下称“本项目”）的社会资本方，现由甲方和乙方于______年______月______日，在______（地点）共同达成并签订本协议如下：

一、项目概况

1.1　项目名称：____________________

1.2　项目地点：____________________

1.3　项目批复：____________________

1.4　项目建设规模、技术标准、建设工期、投资估算及主要建设内容等：______

二、合作方式

2.1　合作模式：

协议双方选择的合作模式为：

□建设－运营－移交

□其他合作模式：____________________

2.2　合作内容：____________________

2.3　甲方授予的特许经营权包括：____________________

2.4　甲方负责事项：____________________

2.5　乙方负责事项：____________________

三、合作绩效目标

3.1　勘察设计目标：____________________

3.2　施工目标（工期、安全生产、环保等）：____________________

3.3　交工验收的工程质量目标：____________________

3.4 竣工验收的工程质量目标：________________

3.5 公路养护目标：________________

3.6 运营服务目标：________________

3.7 其他目标：________________

四、合作期

协议双方选择的合作期形式为：

□双时段合作期限：共计________年。

其中：建设期：共计________年。

运营期（含收费期）：共计________年。

□其他：________________

五、投资与收益

5.1 项目总投资：________________

其中，项目建设投资：________________

5.2 中标内容及指标：________________

5.3 项目公司注册资本：________________

其中，甲方出资：______元；乙方出资______元。

5.4 项目资本金：________________

其中，甲方出资：______元；乙方出资______元。

5.5 项目收入来源：

□使用者付费

□可行性缺口补助

□其他

5.6 其他投资与收益指标（如有）：________________

六、协议文件组成

（1）本协议书；

（2）中标通知书；

（3）确认谈判备忘录（如有）；

（4）投标函；

（5）PPP 项目合同；

（6）项目实施计划；

（7）联合体协议书（如有）；

（8）构成本协议的其他文件：________________________

协议订立及履行过程中，协议各方协商一致形成的与协议有关的文件均构成协议文件组成部分。

上述各协议文件包括各方就该项协议文件所作出的补充和修改，以上列次序在先者为准，属于同一类内容的文件，应以签订时间在后的为准。

七、甲方的权利和义务

7.1　甲方有权自行或委托专业机构对乙方出资情况、资金的使用、设立项目公司，以及对项目的融资、勘察设计、建设、运营、养护和移交进行监督管理。

7.2　甲方应按照国家及项目所在地有关法律法规，在其权限和管辖范围内尽力协助乙方及时获得设立项目公司、投资以及项目公司进行项目融资贷款、勘察设计、建设、养护、运营及管理所必需的批文；协助项目公司获得本项目所需的其他批准。

7.3　甲方参股项目公司的，甲方将与社会资本共同出资组建项目公司。其中政府出资人代表为：______（单位名称），出资方式为：______（实物出资、现金出资等），出资额为：______元，出资时间为：________。

7.4　政府提供可行性缺口补助的，补助金额或补助金额确定方式为：______，补助形式为：________，补助时间为：________。

7.5　其他约定：________。

八、乙方的权利和义务

8.1　乙方有权依法组建项目公司，作为____________（项目名称）的项目法人。政府将按法律、法规、政策及合同规定授予乙方及项目公司投资、融资、建设、运营本项目的特许权，包括投资建设权、运营期的收费权、公路附属设施经营权等。乙方作为社会资本方应按《中华人民共和国公司法》及其他相关法律、法规、政策和合同规定出资组建项目公司，由项目公司对项目的筹划、资金筹措、建设实施、运营管理、债务偿还、资产管理和项目移交等全过程负责，自主经营，自负盈亏，并在PPP项目合同规定的项目合作期满后，按照PPP项目合同的约定将公路（含土地使用权）、公路附属设施及相关资料等无偿移交给甲方指定机构。

8.2　乙方应在本协议签订之日起____日内，按照下列规定组建项目公司，在报请甲方审批后在项目所在地进行注册登记获得法人资格。乙方为联合体的，项目公司股东协议对联合体成员作为股东的出资比例、出资额、权利和义务等核心内容约定，应与联合体协议书一致，联合体牵头人和成员应按联合体协议书的约定向甲方承担各自的和连带责任。

（1）项目公司设立时的实收资本应不低于项目资本金的____%，建设期内乙方应在确保项目建设进度的前提下增加项目公司的实收资本，使项目公司的实收资本自项目公司成立之日起____年内达到项目资本金的全额。项目公司注册资本的增加、减少、股东变更、股权转让，应按国家有关规定执行并需经甲方批准。

（2）项目公司机构设置和技术、管理、财务人员素质，必须满足乙方投标时所提交的项目实施计划中所承诺的条件，同时应满足项目建设管理、经营管理的需要，符合国家规定的公路建设市场准入条件；在满足上述要求的前提下，项目公司也可按《公路建设项目代建管理办法》委托代建单位设置项目管理机构。

（3）项目公司应为具有独立法人资格的有限责任公司；项目公司以其全部资产对外承担债务，项目公司股东以其出资额为限对公司债务承担责任。

（4）项目公司获得登记机关核发的“企业法人营业执照”之日起，除依法律、法规的规定或本协议的约定专属于乙方的权利、义务外，乙方在本协议项下的其他所有权利、义务，均转移给项目公司继受。

（5）项目公司的住所地、组织形式、设立时间、股权结构等基本约定为：____________。

（6）项目公司章程、项目公司股东之间签订的股东协议等文件，应当在项目公司设立前7日内报甲方同意。上述相关内容的要求为：______________。

8.3 乙方设立项目公司的出资协议、项目公司章程应在签署前获得甲方批准。正式签署的出资协议（原件）、企业法人营业执照及登记备案的章程（副本）应交甲方存档一份。

8.4 乙方将出资项目投资总额的____%，即人民币（大写）______元（¥________元）作为本项目的资本金。乙方应采取有效措施确保项目资本金按其中标方案注入。乙方承诺出资的项目资本金必须全部为其自有资金（不得为银行贷款或其他拆借资金）。乙方不得以任何方式通过项目公司筹措应由乙方出资的项目资本金。

8.5 项目负债性资金为项目投资总额的____%，即人民币（大写）________元（¥______元），项目公司应采取多种渠道合法地筹集本项目资本金以外的其他建设资金。如果项目公司无法在规定的期限内全额获得本项目其他建设资金，乙方有义务作为担保人筹措相应的建设资金。

8.6 在项目建设期间，由于设计变更、物价上涨、征地拆迁费用上涨等原因造成项目总投资增加的，相关约定为：______________。

8.7 乙方在本项目建设期内不得抽回、侵占和挪用项目资本金及其他建设资金，也不得将本项目的股权转让给他人。本项目资本金及其余建设资金应按计划分期足额到位，乙方及项目公司应采取有效措施防止资金筹措不力，造成项目建设资金链中断。

8.8 如项目公司经营发生困难，乙方有义务协助进行融资或注资；在项目公司盈利前，乙方不得从项目公司提取任何费用。

8.9　乙方应提交社会资本方履约担保，并应确保项目公司按招标文件规定按时提交建设期履约担保、运营期履约担保、与甲方签订 PPP 项目合同，用以约束本项目在建设、运营、移交全过程中双方各项权利与义务。项目公司未与甲方签订 PPP 项目合同前不得行使对本项目的任何权利。项目公司与甲方签订 PPP 项目合同后，乙方应对项目公司的履约行为承担连带保证责任。

8.10　乙方应接受甲方按本协议约定的监督管理，并按要求提供相关的资料。

8.11　其他约定：________。

九、社会资本方履约担保

乙方在收到中标通知书后____个工作日内，并在签订投资协议之前，应向甲方提交社会资本方履约担保。社会资本方履约担保应采用______形式，金额为______万元人民币。项目交工验收合格之日起____日内，甲方应当向乙方退还履约担保。

十、违约条款

10.1　如因乙方原因未能在本协议规定时间内注册项目公司，或虽已遵守上述规定但甲方认为其尚无实施本项目的足够能力时，乙方应按甲方的指示完善项目公司的机构设置、人员配备、资金筹措等方面的工作，直至甲方批准为止。项目公司的注册每延期 1 日，乙方应向甲方支付______万元的违约金。如在本协议签订后____日内，项目公司仍未进行注册，或虽已注册但不满足甲方的要求，则甲方有权与乙方解除协议，并没收其社会资本方履约担保。

10.2　乙方在项目建设期内抽回、侵占或挪用项目资本金及其他建设资金，或者项目资本金未能按期足额到位，经甲方责令限期改正后仍无效的，甲方有权与乙方解除协议，并没收其社会资本方履约担保。如项目资本金未能在项目公司成立之日起____年内按计划全部到位，经甲方责令限期改正后____日内仍未改正的，甲方有权与乙方解除协议，并没收其社会资本方履约担保。项目建设资金链中断后____日内，乙方应积极采取行动予以纠正，若项目建设资金链一次性持续中断超过____日，或多次中断累计超过____日，甲方有权与乙方解除协议，并没收其社会资本方履约担保。

10.3　项目公司未能在规定的时间内提交建设期履约担保，或因项目公司原因未能签订 PPP 项目合同，每延期 1 天乙方应向甲方支付______万元的违约金。如延期时间超过____日，则甲方有权与乙方解除协议，并没收其社会资本方履约担保。

10.4　甲方发现乙方在投标阶段提供了虚假资料的，有权扣除社会资本方履约担保金额的____% 作为违约金。

10.5　发生本款所述行为，致使本协议无法继续履行或协议目的无法实现的，乙方有权通过对甲方发出有效通知的方式随时终止或解除本协议，甲方应对乙方的损失进行补偿：

（1）由于甲方的原因，致使本协议无法继续履行或协议目的无法实现，并且乙方提供了充足的证据证明两者之间的因果联系；

（2）甲方违反本协议规定的主要义务，并且不能在自乙方发出要求甲方纠正其违约行为的书面通知起____日内改正此行为。

十一、免责条款

11.1 不可抗力是指协议各方不能预见、不能避免且不能克服的客观情况，包括但不限于：

（1）雷电、地震、火山爆发、滑坡、泥石流、暴雨（雪）、水灾、海啸、台风、龙卷风、天文潮、风暴潮、旱灾等自然灾害。

（2）流行病、瘟疫、化学或放射性污染、核辐射污染。

（3）战争行为、武装冲突、外敌入侵、封锁、戒严或军事力量的动用、暴乱或恐怖行为。

（4）全国性、地区性、城市性或行业性罢工，但项目公司或承包人的人员骚乱或罢工除外。

（5）考古或文物保护等。

11.2 因不可抗力致使当事人一方不能履行本协议的，应及时采取补救措施并通知对方，并在15日内提供证明。

11.3 因不可抗力致使本协议无法按期履行或不能履行的，所造成的损失由各方自行承担。一方未及时采取补救措施的，应就扩大的损失负赔偿责任。

十二、争议的解决

对政府方作出的与本合同有关的行政行为，乙方认为侵犯其合法权益的，有权依法申请行政复议或向人民法院依法提起行政诉讼。

因本合同的订立、生效、变更、解除、履行和效力等产生的任何民事争议，各方有权依法申请仲裁或者向人民法院提起民事诉讼。

本协议在履行过程中发生的争议，各方本着友好、互利的原则协商解决；也可由有关部门调解解决，协商或调解不成的，双方可选择以下一种方式予以解决：

（1）向________仲裁委员会申请仲裁。

（2）向有管辖权的人民法院起诉。

十三、其他事项

13.1 本协议未尽事宜，由双方协商解决。

13.2　本协议由双方法定代表人或其授权的代理人签署、加盖单位章并经有权部门批准后生效。

13.3　本协议正本____份、副本____份，协议双方各执正本____份，副本____份，当正本与副本的内容不一致时，以正本为准。

甲　方：（单位全称）（盖单位章）
法定代表人或其授权的代理人：
______________________（职务）
______________________（姓名）
______________________（签字）

日期：_____年_____月_____日

乙　方：（单位全称）（盖单位章）
法定代表人或其授权的代理人：
______________________（职务）
______________________（姓名）
______________________（签字）

日期：_____年_____月_____日

二、 社会资本方履约担保格式

如采用银行保函，格式如下。

履 约 担 保

致：(招标人全称)

鉴于＿＿＿＿(社会资本方名称)＿＿＿＿（下称“社会资本方”）　将与(招标人全称)（下称“招标人”）签订＿＿＿＿＿＿＿＿(PPP 项目名称)投资协议，并保证按协议规定负责组建项目公司、筹措该项目的资本金，我方愿意无条件地、不可撤销地就社会资本方履行与你方订立的投资协议，向你方提供担保。

1. 担保金额为人民币（大写）＿＿＿＿＿＿＿＿元（￥＿＿＿＿＿＿）。

2. 担保有效期自招标人与社会资本方签订的投资协议生效之日起至项目交工验收合格之日后 30 日止。①

3. 在本担保有效期内，因社会资本方违反协议约定的义务给你方造成经济损失时，我方在收到你方以书面形式提出的在担保金额内的赔偿要求后，在 7 日内无条件支付，无须你方出具证明或陈述理由。

4. 招标人和社会资本方对投资协议条款进行任何修改或补充，我方承担本保函规定的义务不变。

担保人名称：＿＿＿＿＿＿＿＿＿＿(盖单位章)

法定代表人或其委托代理人：＿＿＿＿＿＿(签字)

地　　址：＿＿＿＿＿＿＿＿＿＿＿＿＿＿

邮政编码：＿＿＿＿＿＿＿＿＿＿＿＿＿＿

电　　话：＿＿＿＿＿＿＿＿＿＿＿＿＿＿

传　　真：＿＿＿＿＿＿＿＿＿＿＿＿＿＿

＿＿＿年＿＿＿月＿＿＿日

① 本条内容可修改为：“本担保自＿＿＿＿＿(生效日期)之日起生效，至＿＿＿＿＿(失效日期)之日失效。”

第五章　PPP 项目合同

一、 PPP 项目合同

第一部分　合同协议书

政 府 方： ______________________________

项目公司： ______________________________

根据法律规定，遵循诚实守信、长期合作、公平公正、平等协商的原则，合同各方就______公路项目政府和社会资本合作事宜协商一致，共同达成以下合同：

一、项目概况

1.1 项目名称：______________________（以下称：本项目）

1.2 项目地点：______________________________

1.3 项目批复：______________________________

1.4 项目建设规模、技术标准、建设工期、投资估算及主要建设内容等：__________

____

二、合作方式

2.1 合作模式：

合同各方选择的合作模式为：

□建设－运营－移交

□其他合作模式：______________________

2.2 合作内容：______________________________

其中：

政府方负责事项：______________________

项目公司负责事项：______________________

政府方授予的特许经营权包括：__________________

三、合作绩效目标

3.1 勘察设计目标：______________________

3.2 施工目标（工期、安全生产、环保等）：__________________

3.3　交工验收的工程质量目标：________________

3.4　竣工验收的工程质量目标：________________

3.5　公路养护目标：________________

3.6　运营服务目标：________________

3.7　其他目标：________________

四、合作期

合同各方选择的合作期形式为：

□双时段合作期限：共计________年。

其中：建设期：共计______年。

运营期（含收费期）：共计______年。

□其　他：________________

五、投资与收益

5.1　项目总投资：________________

其中，项目建设投资：________________

5.2　中标内容及指标：________________

5.3　项目公司注册资本：________________

5.4　项目资本金：________________

5.5　项目收入来源：

□使用者付费

□可行性缺口补助

□其他

5.6　其他投资与收益指标（如有）：________________

六、合同文件组成

（1）合同协议书；

（2）投资协议；

（3）中标通知书；

（4）确认谈判备忘录（如有）；

（5）投标函；

（6）专用条款及附件；

（7）通用条款；

（8）项目实施计划；

（9）组成本合同的其他文件：________________________。

合同订立及履行过程中，合同各方协商一致形成的与合同有关的文件均构成合同文件组成部分。

上述各合同文件包括各方就该项合同文件所作出的补充和修改，以上列次序在先者为准，属于同一类内容的文件，应以签订时间在后的为准。

七、签订时间

本合同于________年______月______日签订。

八、签订地点

本合同在________________签订。

九、签署及生效

本合同由合同各方授权代表签署，自______生效。

十、其他

本合同一式____份，均具有同等法律效力，政府方执____份，项目公司执____份。

政府方：________________（公章）
法定代表人（负责人）
或授权代表：____________（签字）

项目公司：______________（公章）
法定代表人
或授权代表：____________（签字）

第二部分 通用条款

第一节 一般规定

1. 定义和解释

1.1 定义

1.1.1 “本合同”是指政府方与项目公司就本项目的合作内容签订的合同。

1.1.2 “投资协议”是指为提供公路通行和其他配套公共服务，政府方与依法通过招标确定的中标社会资本方签订的协议。

1.1.3 “投标函”是指构成本合同的，由社会资本方填写并签署的用于投标的名为“投标函”的文件。

1.1.4 “确认谈判备忘录”是指构成本合同的，由政府方与预中标社会资本方签署的用于确认谈判结果的文件。

1.1.5 “投标文件”是指由社会资本方按照招标文件要求编制，并对招标文件予以实质性响应的文件。

1.1.6 “项目实施计划”是指社会资本方在投标文件或确认谈判备忘录中承诺的实现本项目投资、融资、工程建设、运营维护等目标的计划文件，主要包括投资计划、融资计划、建设计划和运营维护计划等文件。

1.1.7 “本项目”是指《合同协议书》【项目概况】所指项目及项目附属设施。

1.1.8 “子项目”是指构成本项目组成部分且具有独立使用功能、可以独立运营的单位工程或项目的一部分。

1.1.9 “政府方”是指提出本项目的县级以上人民政府或依法授权的实施机构，可指一方，也可统指两方。

1.1.10 “政府出资人代表”是指政府方依法指定的，代表政府履行项目公司股东出资义务并享有相应股东权利和承担相应股东义务的主体。

1.1.11 “社会资本方”是指政府方依法通过招标确定的投资的主体。社会资本方为多方成员组成的联合体的，应指联合体或联合体全体成员。

1.1.12 “项目公司”是指由社会资本方单独或与政府出资人代表共同出资设立的，负责完成本项目投资、融资、建设、运营、移交等合作内容的独立法人。

1.1.13 “合同各方”是指本合同任何一方或双方，以及其各自合法的继任者或受让人。

1.1.14 “合作期”是指自本合同生效至运营期届满的期限，包括前期工作期、建设期和运营期（含收费期）。

1.1.15 “合作内容”是指《合同协议书》中【合作内容】栏目中所载明的合作事项。

1.1.16 “项目总投资”是指填写在《合同协议书》中【项目总投资】栏目中的金额，通常指经批准的政府和社会资本合作项目可行性研究文件或招标文件中载明的项目总投资金额，包括建筑安装工程费、土地使用及拆迁补偿费、工程建设其他费用、预备费和建设期贷款利息等，该金额的最终认定按本合同相关条款的约定为准。

1.1.17 “项目建设投资”是指《合同协议书》中【项目建设投资】栏目中的金额，即项目公司为完成本项目工程建设所投入的全部费用，该金额的最终认定按本合同相关条款的约定为准。

1.1.18 “运营成本”是指项目运营期间保持正常运营维护所发生的支出，包括运营养护费、日常养护费、财务费用、大中修费用、税费等。

1.1.19 “融资机构”是指为本项目提供融资资金的第三方。

1.1.20 “融资交割”是指融资所需的有关资信、协议、担保或承诺等文件已签署并递交政府方，且融资文件要求获得首笔资金的每一前提条件已得到满足或被融资机构豁免。

1.1.21 “使用者付费”是指由公路使用者直接付费购买项目公司所提供的公路通行服务。

1.1.22 “可行性缺口补助”是指使用者付费不足以满足项目公司成本回收和合理回报，而由政府以财政补贴、股本投入、优惠贷款和其他优惠政策的形式，给予项目公司的经济补助。

1.1.23 “建设期”是指项目建设的时间，一般自开工通知中载明的开工日期之日起至公路交工验收证书中载明的交工日期止。

1.1.24 “运营期”是指自交工验收证书中载明的交工日期至运营期满终止之日之间的期限。

1.1.25 “收费期”是指项目公司收取本项目车辆通行费的期限，该期限由政府主管部门颁布的收费许可文件确定。

1.1.26 “通行费”是指项目公司向通过本项目的车辆收取的费用。

1.1.27 “工程变更”是指就本项目合作内容中的工程建设部分，对工程进行的更改。

1.1.28 “运营维护手册”是指项目公司根据法律和谨慎与安全运营惯例编制的指导项目运营和维护的手册。

1.1.29 “特别事件”是指出现紧急情况、危机事件或项目公司重大违约等特殊情形，可能导致本合同项下公共利益或公共安全受到严重损害或导致本合同目的不能实现的事件。

1.1.30 “介入权”是指政府方在特别事件出现后进行接管、整顿或替代履行等权利。

1.1.31 “法律”是指适用于本合同的中华人民共和国法律、行政法规、地方性法规、规章、自治条例、单行条例、省部级及以上部门或政府制定和颁布的规范性文件。凡提及任何一项法律，应解释为包括对该项法律的修改、补充或替代。

1.1.32 “日”除特别指明外，均指日历日。按日计算时间的，开始当日不计入，从次日开始计算，期限最后一日的截止时间为当日24:00。

1.1.33 “元”是指中华人民共和国法定货币人民币的单位。

1.1.34 “项目附属设施”是指为保护、养护项目和保障项目安全畅通运行所设置的养护、管理、服务、交通安全、监控、通信、收费等设施、设备以及专用建筑物、构筑物等。

1.1.35 “特许经营权”是指依据本合同而授予项目公司的全部权利、利益，包括在项目合作期内作为项目法人投资、融资、建设、运营本项目的权利和本项目的收费权、服务设施经营权和项目用地红线范围内的广告经营权。

1.1.36 “特种车辆”是指按国家政策规定可以免费通行本项目的军队车辆、武警部队车辆，公安机关在项目上处理交通事故、执行正常巡逻任务和处置突发事件的统一标志的制式警车、经政府批准执行抢险救灾任务的车辆、进行跨区作业的联合收割机、运输联合收割机（包括插秧机）车辆和整车合法装载鲜活农产品的车辆。

1.1.37 “交工验收”是指由项目公司主持，按照《公路工程竣（交）工验收办法》规定，由项目公司、监理人、设计、施工、运营、管理养护等有关部门代表组成交工验收小组，对本项目的工程质量进行评定，并颁发交工验收证书的活动。

1.1.38 “竣工验收”是指由政府主管部门主持，按照《公路工程竣（交）工验收办法》规定，组成验收小组，对本项目进行工程验收的活动。

1.1.39 “公共设施”是指水、煤气、电、排水、排污和通信（包括远程通信）等设施设备。

1.1.40 “公共设施管线”是指电线，用于通信的电话线或线缆，任何远程通信设备，供水、供气或输油的管道，排水、排污管道，以及与上述线缆、管道、设备或管线有关的辅助设施。

1.1.41 “相关资产”是指本项目及其附属设施，附属于施工、运营和养护的机械、设备、库存和植被，以及所有的无形资产。

1.1.42 “合同基准日”是指社会资本方递交投标文件的截止日期。

1.1.43 专用条款约定的其他定义。

1.2 语言文字

除专用条款另有约定外，本合同以中国的汉语简体文字编写、解释和说明。合同各方在专用条款中约定使用两种以上语言时，汉语为优先解释和说明合同的语言。

1.3 解释

除本合同另有约定外，本合同中的相关术语解释如下：

1.3.1 月和年是指公历的月和年。

1.3.2 因国家、地方政府、行业颁布新的规范和标准等，致使本合同载明适用的规范和标准不再适用的，合同各方应确保本合同适用相应的规范和标准。

1.3.3 按照本合同发出或颁发的与本合同有关的任何通知、同意、批准、证明或决定，除另有说明外，均指其书面形式。书面形式包括传真、电子数据交换和电子邮件等可有形表现所载内容的形式。

2. 合同背景和目的

2.1 合同背景

2.1.1 社会资本方已按投资协议约定成立项目公司，合同各方同意订立本合同。

2.1.2 专用条款约定的其他合同背景。

2.2 合同目的

2.2.1 依据利益共享、风险分担、长期合作的原则，项目公司提供满足项目合作内容要求的公路通行和其他配套公共服务。

2.2.2 专用条款约定的其他合同目的。

3. 声明和保证

3.1 政府方的声明

政府方应确保以下声明均真实、完整、准确、有效：

（1）已充分理解本合同背景和目的，具有依法签署和履行本合同及与本合同有关的其他文件的资格和能力，确保严格按照本合同约定履行相关义务；

（2）已依法取得本项目合同签订前应当获得的全部审批、核准、备案等文件和手续；

（3）有权依法向项目公司授予本项目特许经营权；

（4）本项目没有被任何其他方主张权益，或受其他主体权利影响；

（5）本项目不存在其他未披露的可能影响本项目实施的诉讼、仲裁等争议；

（6）专用条款约定的其他声明。

3.2 项目公司的声明和保证

项目公司确保以下声明和保证均真实、完整、准确、有效：

（1）已充分理解本合同背景和目的；

（2）系根据法律合法设立且有效存续的法人组织，具有签署和履行本合同及与本合同有关的其他文件的资格和能力，包括但不限于资格条件、资金实力、技术力量、人力资源、经营管理能力等；

（3）已根据法律规定和章程约定取得从事本合同项下活动的一切同意与批准，包括但不限于股东会决议和董事会决议等；

（4）遵守法律规定，履行本合同项下义务，接受政府方按照法律规定和本合同约定对本项目实施的监管；

（5）保证按合同约定的绩效目标完成本项目的投资、融资、建设和运营，履行相应合同义务；

（6）专用条款约定的其他声明和保证。

4. 合同文件组成及优先解释顺序

4.1　合同文件组成及优先解释顺序

本合同的组成及优先解释顺序见《合同协议书》约定。

4.2　完整的合同

4.2.1　上述合同文件构成各方对本项目的理解，合同文件组成部分在本合同签署时未完成或未产生的，则自其完成或产生时即成为本合同的相应组成部分，本合同签订后完成或产生的文件解释顺序按照文件性质相应确定。

4.2.2　上述合同文件组成部分互为补充和解释。

4.3　合同的可分割性

本合同中任何条款违法、无效或不能执行，或任何有管辖权的仲裁庭或法院认定其为不合法、无效或不能执行的，其他条款仍然合法、有效和可执行；且合同各方应协商针对违法、无效或不能执行的条款进行修改改正，使之合法、有效并可执行。

5. 风险分担

5.1　合同各方按照风险分配优化、风险收益对等和风险可控的原则合理分担风险。

5.2　除专用条款另有约定外，法律、政策等风险由政府方承担；项目投资、融资、建设和运营等商业和技术风险由项目公司承担；不可抗力等风险由政府方与项目公司合理分担。

5.3　最低需求的风险承担由合同各方在专用条款中约定。本合同所称最低需求是指合同各方在专用条款约定的本项目最低交通量或其他类似指标。

5.4　最低需求风险分不同风险区间分层设置风险分担主体和分担条件的，合同各方在合同专用条款中约定。

第二节　合同相关方

6. 政府方

6.1　政府方基本情况

6.1.1　政府方的名称、住所、法定代表人、负责人等基本信息见专用条款约定。政府授权实施机构与项目公司签订本合同的，授权范围见专用条款约定。

6.1.2　本项目实施机构发生调整的，政府应重新确定并授权新的实施机构，不得改变原实施机构在本合同项下的权利和义务，并提前30日通知项目公司。

6.1.3　对实施机构的重新授权，不得减轻或免除按照法律规定和本合同约定应当由政府方承担的义务。

6.2　政府方的基本权利

（1）享有法律规定和本合同约定的权利。

（2）有权要求项目公司全面履行法律等规定的以及本合同约定的义务。

（3）依法监督投资计划、融资计划、建设进度计划和运营维护计划的执行情况，按照本合同约定开展绩效考核、中期评估等与项目有关的监督管理工作，依法对本项目行使审批、核准、备案等职权。

（4）依法对项目公司进行监督检查，但政府方的监督检查并不减轻或免除项目公司依法和根据本合同应承担的任何义务或责任。

（5）按照法律规定和本合同约定行使介入权。

（6）依法对本项目投资、融资、建设、运营情况进行审计。

（7）有权按照法律规定和本合同约定解除本合同。

（8）有权根据国家政策的调整、法律的变动情况及公共利益的需要收回本项目。

（9）对项目公司违反本合同约定的行为依法追究违约责任。

（10）按合同约定享有项目超额收益的权利。

（11）专用条款约定的其他权利。

6.3　政府方的基本义务

（1）遵守法律，维护社会公共利益及公共安全。

（2）遵循职权法定和依法行政等原则诚实守信履行本合同下约定义务。

（3）不应因行政区划调整、政府换届、政府相关部门机构或职能调整、法定代表人及负责人出现变更调整，影响其履行本合同。

（4）依法保持授予项目公司的特许经营权在合作期内有效。

（5）按照本合同约定提供本项目建设用地和建设运营条件，并完成由政府方承担的前期工作。

（6）按照本合同约定配合项目公司完成本项目前期工作、融资、建设、运营和移交等所需的各项审批手续。

（7）不干预项目的正常实施，除非此种干预是为保护公共利益及安全所必需的，或是由法律、法规所赋予的权利。

（8）按照本合同约定支付可行性缺口补助。

（9）按投资协议约定履行项目公司注册后的其他出资义务。

（10）专用条款约定的其他义务。

7. 项目公司

7.1 项目公司的基本权利

（1）按照本合同约定，在合作期内依法开展本项目投资、融资、建设、运营、移交等经营活动。

（2）按照本合同约定获得使用者付费收入、其他经营收入、政府可行性缺口补助（如有）等。

（3）有权要求政府方全面履行法律等规定的以及本合同约定的义务。

（4）享有政府授予的特许经营权，并按合同约定获得政府支持的权利。

（5）有权对政府方未按照法律以及本合同约定履行义务的行为予以投诉、控告、申诉，对政府方违反本合同约定的行为依法追究违约责任。

（6）有权对第三人侵害项目特许经营权的行为提起诉讼或仲裁。

（7）有权享受国家、项目所在地给予的优惠政策。

（8）专用条款约定的其他权利。

7.2 项目公司的基本义务

（1）按照法律规定及合同约定的目标、标准和要求履行本合同项下的义务，提供质量合格、持续高效、安全便捷的公路通行和其他配套公共服务。

（2）按有关规定实行建设前、建设期间、竣工决算审计制度，接受并配合国家审计机关或行业主管部门的审计；项目未经审计，不得办理竣工验收手续，不得报批竣工决算。

（3）严格执行项目法人责任制、项目资本金制、招标投标制、合同管理制、工程监理制等有关规定。

（4）依法依约建立健全并执行包括计划、统计、技术、财务、物资材料、设备设施等在内的各项管理制度，全面完成项目建设、运营及养护任务。

（5）负责项目融资，按照本合同的约定筹措项目建设、运营、养护所必需的全部资金。项目公司应当按照本合同及相关规定管理和使用项目建设资金，做到专款专用，专户储存；按照工程进度，及时支付工程款；按照规定的期限及时退还保证金、办理工程结算；不得拖欠工程款和征地拆迁款，不得挤占挪用建设资金。

（6）采取有效、可行的建设、运营管理方案，可以自行组织力量完成项目的建设、运营管理，或委托具有相应资格和能力的管理单位代理项目的建设、运营管理。项目公司在本合同中的各项权利和义务不因该等委托合同的签订发生转移。

（7）严格执行国家规定的基本建设程序，不得违反或者擅自简化基本建设程序，依法办理项目建设、经营管理中各项报批、备案等手续；严格执行公路建设行业的强制性标准、各类技术规范、标准及规程的要求。

（8）按照国家有关规定建立健全质量和安全保证体系，落实质量和安全生产责任制，施工中应加强对承包人的监督和管理，运营养护期应加强对职工的教育与培训，确保项目的工程质量和财产、人员安全。

（9）严格执行有关环境保护和土地管理的规定，依法做好项目的环境设计、施工及竣工验收，采取有效措施保护环境和节约用地。在实施本项目的过程中因环境污染和水土流失而造成人身伤亡、财产损失、罚款、经济赔偿、诉讼及其他一切责任，均由项目公司负责。

（10）采取措施保护在项目施工、运营或养护过程中可能发掘出的文物、古迹等，并承担相应费用。

（11）按照规定建立公路从业单位信用管理台账，及时、客观、公正地对公路从业单位进行信用评价。

（12）为项目的设计、施工、运营、养护及管理的需要，向保险公司投保各种必须的保险，并自行承担保险费。上述保险的保险单副本应报政府方备案。未办理保险所造成的损失由项目公司自行承担。

（13）服从政府方有关公路联网收费的统一规定和技术要求，承担项目范围内的路网收费设施的新改建费用及可能分摊的联网收费费用；收费应优先用于保证项目的正常运营，提供不间断的通行服务。

（14）按照有关技术政策和技术规范要求，定期或经常性地对项目运行状况进行检测、检查和维护，使项目及其附属设施经常处于良好状态，并定期向政府方报送公路养护情况。

（15）在合作期限届满后以良好的运营和养护状态将项目所有设施无偿移交给政府方指定机构。

（16）按照《中华人民共和国档案法》等有关法律、法规的规定进行档案管理。

（17）协助和配合交通和公安等部门依法行政。

（18）根据法律规定缴纳相关税费。

（19）投资建设运营过程中出现重大问题的，应当及时通知政府方，并尽可能减少损失，避免损失扩大。

（20）接受政府方对项目公司投资、融资、工程建设、项目运营和移交等方面的监督。

（21）专用条款约定的其他义务。

第三节　合 作 关 系

8. 合作模式

本项目的合作模式为：

（1）建设－运营－移交

“建设－运营－移交”是指在合作期内，政府方授权项目公司投资、融资、建设、运营公路项目，运营期限届满移交政府方或其指定机构的项目运作方式。

（2）其他合作模式

合同各方在《合同协议书》中约定的其他合作模式。

9. 合作内容和合作条件

9.1　授予特许经营权

政府方依法授予项目公司在合作期内投资、融资、建设、运营本项目并获得合理收益的特许经营权，包括合作期内的排他性权利，其中获得合理收益是指获得与项目有关的使用者付费收入、其他经营性收入、可行性缺口补助收入等。

在项目公司遵守本合同对其规定的各项义务的前提下，政府方在此授予项目公司独占的、具有排他性的特许经营权，该权利在整个合作期内有效。除专用条款另有约定外，项目公司享有的特许经营权包括：

（1）作为项目法人投资项目，并以本项目相关权益进行项目融资的权利；

（2）作为项目法人组织项目建设的权利；

（3）运营、管理项目的权利；

（4）收取车辆通行费的权利；

（5）项目沿线规定区域内的服务设施经营权；

（6）项目沿线规定区域内的广告经营权等。

9.2　合作内容

9.2.1　合同各方应当在《合同协议书》中约定合作内容及各自负责的事项和分工，包括资本金认缴出资金额、项目公司注册资本认缴出资金额和比例及其他与本项目有关的投资、建设和运营等事项。

9.2.2　项目公司违反本合同约定导致本合同解除的，政府方有权依法选择替代主体。

9.2.3　合同各方可在专用条款中约定与合作内容有关的事项。

9.3　合作条件

合同各方对项目合作条件约定如下：

（1）许可和审批

政府方应按照本合同约定完成所有与项目有关手续的办理和审批，包括但不限于可行性研究报告审批、通过物有所值评价及财政承受能力论证、实施方案批复、取得项目授权、项目用地及规划审批、财政支出责任纳入年度财政预算及中期财政规划（如有）、本合同已经政府方批准同意以及其他与本项目相关批复等。应由政府方完成的许可和批复文件清单由合同各方在专用条款约定。

（2）政府方提供的资源和条件

政府方应按照专用条款约定的时间和内容提供本项目所需的资源和条件，包括但不限于资金、设施设备、项目用地和特许经营权等。

（3）项目公司提供的资源和条件

项目公司应按照专用条款约定的时间和内容提供本项目所需的资源和条件，包括但不限于资金、技术等。

合作期内，项目公司应当根据本合同要求，确保项目公司维持完成相应工作所需的资信条件。

（4）合同各方在专用条款中约定的其他合作条件。

10. 合作期

10.1　合作期起始和终止

本项目合作期为《合同协议书》中约定的期限，合同各方可在专用条款中约定合作期限的起始和终止及相关事项，但不得改变《合同协议书》的实质性内容。

10.2　合作期顺延

发生以下情形之一的，合作期可相应顺延：

（1）因政府方违约导致延期；

（2）因不可抗力事件导致延期；

（3）法律规定和本合同约定可以顺延的其他情形。

11. 排他性约定

11.1　合同各方可在专用条款中选择下列一种或多种排他性约定：

（1）竞争性排他

合作期内，本项目达到设计通行能力之前，除本次招标前国家、省已规划的公路项目外，政府方应严格控制审批将与本项目形成竞争关系并将导致项目收费车流重大分流的同类公路项目。

（2）唯一性排他

合作期内，除非本合同终止，政府方应确保本合同约定的特许经营权在合作期内不再授予其他人。

（3）优先性排他

合作期届满，政府方决定继续采取本合同约定合作方式运营本项目的，同等条件下，项目公司享有继续运营本项目的优先权。

11.2 合同各方可在专用条款中另行约定与排他性有关的条款。

第四节　项目总投资与资产权属

12. 项目总投资

12.1　项目总投资构成

12.1.1　项目总投资各项构成由合同各方在专用条款中约定。项目包含建设内容的，项目总投资包括项目建设投资、建设期贷款利息，其中项目建设投资包括建筑安装工程费、土地使用及拆迁补偿费、工程建设其他费用、预备费。

12.1.2　合同各方的投资金额及与项目总投资有关的其他事项由合同各方在专用条款中约定。

12.2　投资计划

12.2.1　项目公司应按本合同约定实施投资计划，投资计划包括项目投资计划和年度投资计划，投资计划应符合本合同建设、运营、移交等方面要求。投资计划的内容及相关要求由合同各方在专用条款中约定。

12.2.2　除专用条款另有约定外，政府方要求修改投资计划的，应通知项目公司，项目公司应当在收到通知后 30 日内完成修改并重新提交。

12.2.3　除专用条款另有约定外，因工程变更或其他合同变更事项导致投资计划需要调整的，项目公司应在变更事件发生后 30 日内向政府方提交变更后的投资计划，政府方应在收到该投资计划后 30 日内批复。

12.2.4　与投资计划有关的其他事项由合同各方在专用条款中约定。

13. 投资控制及监管

13.1　投资控制

13.1.1　项目公司应当按照本合同约定的项目投资计划及年度投资计划完成投资。

13.1.2　除专用条款另有约定外，发生以下情形之一，导致最终项目总投资超过《合同协议书》约定的项目总投资的，超出部分由政府方承担：

（1）政府方原因导致投资增加的；

（2）不可抗力事件导致投资增加的（应由政府方分担部分）；

（3）专用条款约定的其他导致投资增加的情形。

13.2　投资监管

13.2.1　政府方有权按照投资计划监督项目公司的投资活动，相应监管费用由政府方自行承担。政府方有权采取查账或审计等措施对项目建设资金实行监管，项目公司应积极配合，接受政府方因为检查而提出的意见，并立即纠正，将纠正结果报政府方备案。

13.2.2　政府方对项目投资的监管包括以下内容：

（1）资金来源的合法合规性；

（2）项目资本金是否符合本合同约定；

（3）是否严格执行政府方下达的项目年度投资计划，资本金及融资资金是否按投资计划到位；

（4）是否抽逃、挪用、挤占、截留建设资金，高息集资和变相高息集资；

（5）是否严格执行基本建设程序及建设资金专款专用、专户储存管理的规定；

（6）是否严格执行概预算管理的有关规定；

（7）是否将建设资金用于项目外其他用途；

（8）是否擅自改变建设项目、建设规模和技术标准；

（9）是否按合同约定拨付征迁协调费、工程进度款、设备材料货款等相关款项；

（10）是否按规定收取、保管投标担保、履约担保、工程质量保证金；

（11）是否建立健全财务机构，财务制度是否规范；

（12）是否存在违反与建设资金筹措、使用监管有关的法律等规定的其他行为；

（13）本项目与第三方签订合同的合法合规性；

（14）投资完成额的准确性和真实性；

（15）专用条款约定的其他内容。

13.2.3　政府方可以在专用条款中选择采用下列一种或几种投资监管方式：

（1）对项目公司设立资金专用账户的监管；

（2）对项目公司相关财务报表的监管；

（3）聘请第三方进行与项目投资有关的监管；

（4）通过过程审计以及引入金融机构参与资金管理等手段和方式加强监管；

（5）按合同约定选择和管理本项目监理单位和第三方试验检测单位。

14. 资产价值与权属

14.1　项目资产构成

项目资产包括存量资产和新增资产，资产类型包括但不限于与项目有关的土地使用权、不动产权益、设施设备、知识产权、广告经营权及其他相关特许经营权等，本项目资产构成由合同各方在专用条款中约定。

14.2　项目资产与权属

除专用条款另有约定外，在合作期内，本项目及其附属设施等各项有形及无形资产的所有权和处置权归政府方所有，项目公司仅享有本项目及其附属设施的使用权和收益权。

14.3　资产使用限制

除专用条款另有约定外，未经政府方同意，项目公司不得对项目资产和收益权进行抵押、质押、出租、出售或其他方式的处置。

第五节　项 目 公 司

15. 一般约定

15.1　项目公司增资扩股与减资

项目公司增资扩股与减资应遵守股东协议、项目公司章程，除专用条款另有约定外，应征得政府方同意。

15.2　项目公司破产解散与清算

项目公司破产解散与清算应遵守股东协议、项目公司章程，除专用条款另有约定外，应征得政府方批准。

15.3　政府方出资违约

15.3.1　政府出资人代表未按本合同约定履行出资义务的，项目公司应通知政府方，并可要求按照专用条款约定的宽限期予以改正，政府方在宽限期届满后仍未改正的，政府方应按专用条款约定承担违约责任。前述违约行为致使合同目的无法实现的，项目公司有权解除本合同。

15.3.2　除专用条款另有约定外，政府方出资违约造成项目建设进度延误，或相应费用增加的，由政府方承担相应赔偿责任，项目公司有权主张建设期和运营期顺延。

16. 项目公司治理

16.1　项目公司股东会

16.1.1　股东会的组成

项目公司设股东会，由全体股东组成，股东会是项目公司的最高权力机构。

16.1.2　股东会的职权

下列职权应由项目公司股东会行使：

（1）决定公司的经营方针和投资计划；

（2）选举和更换董事，决定有关董事的报酬事项；

（3）选举和更换由股东代表出任的监事，决定有关监事的报酬事项；

（4）审议批准公司的年度财务预算方案、决算方案；

（5）审议批准公司的利润分配方案和弥补亏损方案；

（6）对股东转让股权或以股权提供质押作出决议；

（7）申请经营期限的延长；

（8）修改项目公司章程，增加或者减少注册资本；

（9）项目公司合并、分立、解散、清算或者变更公司形式；

（10）决定项目公司的经营计划和投资方案；

（11）批准发行项目公司债券或资产证券化产品；

（12）批准项目公司对外重大担保事宜；

（13）涉及影响公共利益或公共安全的事项；

（14）对项目公司拥有的土地使用权或土地使用的权利、重大资产进行任何形式的处置行为；

（15）设立党组织；

（16）公司章程约定的其他事项。

除专用条款另有约定外，与上述第（1）项~第（15）项职权相关的决议事项为重大事项，须经全体股东一致同意。其他职权相关的决议事项为一般事项，须经代表全体股东所持表决权的三分之二（包括本数）以上股东同意。合同各方可在专用条款中另行约定股东会职权的其他事项。

16.2 项目公司董事会

16.2.1 董事会构成

项目公司设董事会，董事会对股东会负责，董事会构成由合同各方在专用条款中约定。

16.2.2 董事会的职权

除专用条款另有约定外，下列职权由项目公司董事会行使：

（1）负责召集股东会，并向股东会报告工作；

（2）执行股东会的决议；

（3）决定公司的董事长；

（4）拟定公司的经营方针和投资计划；

（5）制订公司年度财务预算方案、决算方案；

（6）制订增加或者减少注册资本方案；

（7）拟定公司合并、分立、变更公司组织形式、解散方案；

（8）聘任或解聘公司总经理。根据总经理提名，聘任或者解聘公司副总经理、财务总监等高级管理人员，决定其报酬；

（9）决定公司内部管理机构的设置；

（10）决定公司的基本管理制度；

（11）决定公司的员工薪酬、福利及奖励制度；

（12）对公司聘用、解聘会计师事务所作出决议；

（13）决定公司的具体组织机构及对应人员职责、管理模式；

（14）审议批准与公司股东发生的关联交易；

（15）决定公司除应由股东会作出决议之外的其他一般担保事宜；

（16）制订公司利润分配方案和弥补亏损方案；

（17）决定以项目公司名义对外借贷；

（18）批准项目工程融资方案、运营维护手册、移交方案；

（19）决定项目公司解散时的清算程序；

（20）其他股东会授予的职责或者委托管理协议约定应由董事会决定的事项。

除专用条款另有约定外，董事会会议实行一人一票的表决制度，第（1）项～第（20）项职权相关决议事项须经全体董事三分之二（包括本数）以上表决同意，其他职权相关事项须经全体董事过半数表决同意。

16.3 特别表决事项

股东会和董事会的特别表决事项及表决程序由合同各方在专用条款中约定。

16.4 项目公司管理

除专用条款另有约定外，项目公司管理应按以下约定进行：

16.4.1 项目公司实行董事会领导下的总经理负责制，由总经理负责项目公司的日常经营管理，总经理由董事会聘任，报政府方备案。

16.4.2 除专用条款另有约定外，政府方有权委派财务管理代表，参与对项目公司的预算、会计核算及财务管理等管理制度的拟定并表达意见，享有对项目公司财务支出及会计账簿、运营相关财务数据的知情权与查阅权，并可根据实际情况，将相关事项上报董事会审议。

16.4.3 项目公司应遵守以下财务管理要求：

（1）建立健全财务管理制度，完善内部经营责任制，严格执行国家规定的各项财务开支范围和标准，如实反映企业财务状况和经营成果，依法缴纳税费，并接受有关机关的检查监督，保证股东权益不受侵犯。

（2）在其经营场所保存所有账簿及其他与项目运营、养护和维修有关的财务记录，并可在上述地点随时提供给政府方查阅。

（3）与政府方指定的资金监管银行签订资金管理协议（格式见招标文件规定），严格按照资金管理协议的约定管理、使用建设资金，接受监管银行资金监管，确保项目资金专款专用。

（4）对自己的经营活动负责，并按有关法律的规定编制财务报表。

（5）定期向政府方提交相关文件，包括年度基本建设支出预算、财务决算等财务报告；在各季度第1个月结束之前提交上一季度的项目公司现金收支季度总结报表；在每年5月30日之前提交上一年度的企业财务报表（包括财务报表说明、资产负债表、现金流量表、利润及利润分配表、会计报表附注及其他财务资料）及由独立于社会资本方和项目公司的有资格的会计师事务所出具的年度审计报告。

（6）按政府方的要求随时提交专项报告以及关于项目公司财务状况的信息资料。

16.4.4 项目公司仅由社会资本方出资设立的，项目公司重大经营决策事项影响项目投资建设运营的，应提前报政府方同意，政府方的同意不减轻或免除社会资本方按照法律规定和本合同约定应承担的任何责任或义务。

16.4.5 除专用条款另有约定外，政府方及政府方出资代表原则上不参与项目公司的日常经营管理。

16.5 项目公司监事会

16.5.1 监事会的组成

监事会是公司的监督机构，依法行使监督权，确保公司依法经营，维护股东利益。监事会构成由合同各方在专用条款中约定。

16.5.2 监事会的职权

（1）检查公司的财务；

（2）对董事和高级管理人员执行公司职务的行为是否符合中国法律或者公司章程进行监督；

（3）当董事或高级管理人员的行为损害公司利益时，要求该董事或高级管理人员予以纠正；

（4）列席董事会会议；

（5）《中华人民共和国公司法》及其实施条例、细则或办法等明确规定的其他职权。

16.6 其他

本条未尽事宜由合同各方在专用条款中约定。

17. 股权转让与股权担保限制

17.1 一般约定

17.1.1 项目公司转让其持有的项目公司全部或部分股权，应征得政府方批准。

17.1.2 司法判决或仲裁裁决转让项目公司全部或部分股权的，项目公司应在收到前述生效判决或裁决后 30 日内尽快通知政府方并与政府方协商处理相关事宜。

17.2 建设期股权转让限制

除专用条款另有约定外，建设期内项目公司不得转让其持有的项目公司全部或部分股权。

17.3 运营期股权转让限制

17.3.1 除专用条款另有约定外，运营期开始后，承担本项目运营义务的社会资本方在专用条款约定的期限内不得转让其持有的项目公司股权。

17.3.2 除专用条款另有约定外，经政府方书面同意，运营期内社会资本方可以转让其在项目公司的全部或部分股权，但须满足以下条件：

（1）受让方具有足够的资信、技术和运营管理能力，确保其履行转让方在本合同与本合同有关文件中约定的义务。

（2）受让方已书面承诺，在其成为项目公司股东后，项目公司将继续履行本合同约定的义务，且其将督促项目公司履行该等义务。

（3）运营期股权转让不对项目公司提供运营服务产生实质性不利影响。

17.4 项目公司股权担保限制

除专用条款另有约定外，未经政府方同意，项目公司股东不得将其持有的全部或部分股权设置质押或其他形式的担保。

18. 项目公司其他事项

18.1 未经政府方同意，项目公司在合作期内不得对外投资或开展本合同约定的合作内容之外的其他经营活动。

18.2 项目公司应接受社会资本方的督促、管理，社会资本方对项目公司的投资、融资、建设、运营、移交等方面的监督义务、监督方式由合同各方在专用条款中约定。

18.3 合同各方应确保项目公司章程与本章约定一致。

第六节　项 目 融 资

19. 融资方案

19.1　一般约定

19.1.1　项目融资包括项目资本金的筹集和资本金之外资金的筹集。项目融资资金仅限用于本项目，不得用于其他用途。

19.1.2　项目资本金的筹集应当由项目公司股东依法完成，项目资本金筹集的方式、金额、比例见《合同协议书》和专用条款约定。

19.1.3　项目公司负责完成资本金之外的项目融资，合同各方应协助项目公司完成项目融资。

19.1.4　在项目建设期间，由于设计变更、物价上涨、征地拆迁费用上涨等原因造成项目总投资增加的，合同各方应按专用条款约定增加项目资本金及其他融资。

19.2　融资介入

除专用条款另有约定外，融资机构基于本项目项下融资合同的合同目的无法实现，或者项目公司使用融资资金不当时，融资机构有权采用专用条款约定的方式介入项目公司管理活动。

融资机构介入行为应当征得政府方同意，融资机构的介入不得影响本项目的正常建设、运营。

19.3　融资计划与融资方案

19.3.1　项目公司应按照本合同约定的融资方案开展融资活动，前述融资方案包括融资计划。融资方案和融资计划的具体内容由合同各方在专用条款中约定。

19.3.2　融资方案需要调整的，项目公司在专用条款约定的期限内应连同融资计划向政府方提交调整的申请，并附保障措施和证明资料。

19.3.3　政府方有权对融资方案落实情况进行监督管理，合同各方可在专用条款中约定政府方对融资方案监督管理的具体方式。

19.3.4　在合作期内，项目公司股权结构的变更，包括股权融资、债权融资或公路经营权有偿转让或项目公司内部股权结构的调整等，均应将融资方案（包括融资方式、资产评估结果、融资期等）报政府方批准。若未取得政府方的批准，项目公司不得以本项目资产或特许经营权进行融资活动。

19.3.5　政府方批准融资方案与调整后的融资方案，不应视为对项目融资提供担保，也不应视为减轻或免除项目公司根据本合同需承担的迟延融资的违约责任。

20. 融资交割和资金到位

20.1 融资交割和融资交割宽限期

20.1.1 政府方完成本合同约定的许可和审批后，项目公司应在专用条款约定的时间和要求完成融资交割，并向政府方提交书面报告。

20.1.2 项目公司未按本合同约定完成融资交割的，政府方可给予融资交割宽限期，项目公司应在融资交割宽限期内完成融资交割。融资交割宽限期的具体期限及要求由合同各方在专用条款中约定。

20.2 资金到位和融资宽限期

20.2.1 项目公司负责按照融资计划和融资方案及时筹措资金，确保资金足额按时到位，满足项目建设、运营和移交的需要。项目公司在项目合作期内抽回、侵占和挪用项目资本金及其他建设、运营资金的，或在项目建设期内将本项目的股权转让给他人的，项目公司有义务及时书面告知政府方。

20.2.2 项目公司未能按照融资方案实现融资资金到位的，政府方可给予融资宽限期，项目公司应在融资宽限期内落实融资资金。融资宽限期的具体期限和有关要求由合同各方在专用条款中约定。

20.2.3 项目公司应在每期项目资本金及其他融资资金到位后30日内将有关财务凭证报政府方或政府方指定机构审查，以便政府方确认项目资金是否按约定的金额如期到位。

21. 政府方提供的融资支持

除专用条款另有约定外，政府方为本项目融资提供如下支持：

（1）为达到本项目融资目的，项目公司可就其在本合同项下的收益权进行质押或转让，政府方在收到项目公司相关融资支持请求后尽快协助配合，包括提供与项目融资有关的批复、证明、说明及相关文件。

（2）为项目公司取得更优惠的融资贷款利率或其他优惠条件提供必要的协助配合。

22. 融资违约及处理

22.1 因项目公司原因未完成融资交割和资金到位，且项目公司未按本合同约定向政府方提交书面补充融资方案，或提交的补充融资方案不能满足本项目需要的，或未按约定补充融资缺口资金的，项目公司应按专用条款约定承担相应违约责任。

22.2 任何一期融资未在融资方案或补充融资方案确定的期限届满之日起60日内到位，致使本合同目的无法实现的，按本合同第十八节【合同解除和终止】相关约定执行。

23. 再融资

23.1 除专用条款另有约定外，项目进入正常运营，已产生持续、稳定现金流的，在不影响项目正常运营的前提下，经政府方事先同意，项目公司可依法根据项目需求通过资产证券化等方式进行再融资。

23.2 项目公司进行再融资的，再融资的增信措施、相关协议权利义务安排、因再融资增加的收益分配等事项由合同各方在专用条款中约定。

第七节　前 期 工 作

24. 前期工作

24.1　前期工作内容

前期工作是指由政府方负责完成的为项目建设开展的前期准备工作，包括但不限于工程预可行性研究报告编制、可行性研究报告编制、各项专题报告及评估（评价）、项目投融资咨询、PPP 咨询、PPP 项目选择社会资本方招标、法律咨询、征地拆迁、资产评估（如有）等工作。合同各方可在专用条款中约定前期工作的具体内容及现状。

24.2　项目公司对前期工作的认识

24.2.1　项目公司已按照有经验的投资人可以采取的合理技术和手段，了解本项目前期工作的内容、现状、困难及对本合同的影响等，政府方应当给予项目公司合理时间了解和认识本项目。

24.2.2　发现前期工作存在问题的，项目公司应在专用条款约定的期限内通知政府方，同时提出合理建议，以促进合同履行和减少损失。

24.2.3　项目公司确认，在本合同签订前，已经审阅且同意接受由政府方提供的项目“可行性研究报告”，将“可行性研究报告”作为项目设计和施工的技术标准和工程规模基准标准，并对其承担全部责任。

24.3　剩余前期工作

24.3.1　除专用条款另有约定外，项目公司负责按照专用条款约定的进度计划完成下列剩余前期工作：

（1）依据《中华人民共和国招标投标法》等法律的规定，采取招投标方式选择具有相应资质的勘察设计单位，承担包括初步设计、施工图设计等各阶段的工作。如社会资本方自身具备法定的勘察设计资质和能力，可直接承担上述勘察设计工作。

（2）与勘察设计单位签订勘察设计合同，督促勘察设计单位按照相关技术标准和规范，结合项目的实际情况完成勘察设计工作。

（3）初步设计、施工图设计应依法依规报有关主管部门审批。经审批的初步设计、施工图设计不得擅自变更，如果必须进行变更，应依法依规履行审批手续；如有关主管部门依法依规不再对初步设计、施工图设计及上述变更审批的，初步设计、施工图设计及上述变更应报政府方同意。

（4）办理项目建设用水、用地、用电、环境、文物、水利、航道、通信、劳动卫生、生产安全、矿产资源压覆、森林、地震安全评价等事项的报批及取得批复。

（5）依法办理开工所需各项建设手续，取得施工许可。

24.3.2　项目公司负责完成剩余前期工作的，政府方有义务协助配合项目公司按照项目进度计划完成剩余前期工作，包括：

（1）协调相关部门和利益主体提供必要的资料和文件；

（2）对项目公司的合理诉求提供支持；

（3）组织召开项目协调会；

（4）专用条款约定的其他支持。

24.4　前期工作费用

24.4.1　政府方根据本合同约定开展的前期工作费用合计金额见专用条款。政府方已按有关规定与相关单位签订了委托合同或商定了相关协议，项目公司与政府方签订本合同后 30 日内，政府方负责将所有相关合同和协议移交给项目公司，项目公司应对政府方的前期工作和各项委托合同予以认可，并按各项合同规定按时支付前期工作费用。其中，政府方已支付的前期费用，由项目公司直接支付给政府方。

24.4.2　按照本合同约定由项目公司负责开展的剩余前期工作，其费用由项目公司自行承担。

24.5　前期工作成果移交

24.5.1　除专用条款另有约定外，政府方应当在本合同生效后 30 日内，将前期工作成果移交给项目公司，前期工作移交成果以移交时各方确认的移交清单为准。

24.5.2　除专用条款另有约定外，政府方开展前期工作的成果归项目公司所有，知识产权归属按前期工作合同中的约定执行。

24.6　前期工作遗漏、缺陷或错误的处理

24.6.1　因前期工作成果文件存在遗漏、缺陷或错误的，政府方负责补充、修正和改正，项目公司有义务协助配合补充、修正和改正，由此引起的费用从项目中支出。

24.6.2　因前期工作存在遗漏、缺陷或错误导致项目延期的，合同各方协商建设期和运营期期限顺延事项，由此产生的费用和损失由政府方按专用条款约定承担。

24.6.3　因前期工作遗漏、缺陷或错误，以及前期工作延误导致本合同目的无法实现的，项目公司有权解除本合同。

24.7　前期工作监管

项目公司应按前期工作目标开展前期工作，政府方负责监管项目公司前期工作的质量、进度和费用支付等。如项目公司前期工作不符合前期工作目标，存在进度滞后、质量不符合要求或费用支付不符合约定的，将通知项目公司改正。项目公司不按要求改正的，将按违约处理。

25. 项目用地

25.1 项目用地取得

25.1.1 政府方负责按照专用条款约定的时间、方式和范围，依法向项目公司提供本项目需要使用的土地，并确保项目公司在合作期内独占排他性地使用前述土地。

25.1.2 除专用条款另有约定外，政府方负责办理土地相关手续，并确保项目用地符合规划和用地要求，项目公司予以协助配合。

25.1.3 本项目实际用地超出合同订立时政府方负责提供的用地范围的，由此增加的费用计入项目建设投资。

25.1.4 项目公司承担的项目征地拆迁和安置补偿费计入项目总投资。

25.2（A） 征地、拆迁和安置（方式一：由政府方负责征地拆迁工作，费用由项目公司据实承担）

25.2.1 政府方负责完成本项目建设用地和临时用地的征用、拆迁和安置。项目公司应协助政府方，并及时足额支付相关费用（包括公路建设用地的土地补偿费、安置补助费、地上附着物和青苗的补偿费、通信、广播电视、供水、供电等管线管缆和其他物品的迁移费用以及各项税费等），用地费用按照政府方届时公布的标准执行，数量以实际发生为准。

25.2.2 项目公司应按本款政府方要求的时间及时向政府方足额支付与征地拆迁有关的一切费用，若因项目公司支付不及时，影响征地拆迁进度而造成的责任由项目公司承担。

25.2.3 项目公司不依法及时申报有关征用土地手续，未及时足额支付征地拆迁费用及临时用地费用，未及时提出临时用地申请，或由于其他应由项目公司负责的原因，导致项目建设工期延误给政府方或第三方造成经济损失的，项目公司应承担责任并予以补偿。

25.2.4 因政府方原因导致提供全部或部分项目需要使用的土地时间延迟超过 180 日的，影响项目建设的，项目公司有权要求政府方承担违约责任，具体标准由合同各方在专用条款中约定。前述违约行为影响本合同目的不能实现的，项目公司有权解除本合同。

25.2（B） 征地、拆迁和安置（方式二：由政府方负责征地拆迁工作，费用由政府方包干使用）

25.2.1 政府方负责完成本项目建设用地和临时用地的征用、拆迁和安置。本项目建设用地征地拆迁的有关费用（包括公路建设用地的土地补偿费、安置补助费、地上附着物和青苗的补偿费、按设计要求迁移通信、广播电视、供水、供电等管线管缆和其他物品的费用、各项税费以及政府方必要的工作费用等）合计金额见专用条款，由政府方包干使用。除专用条款另有约定外，项目公司应在签署本合同后 60 日内，将上述费用足额支付给政府方。项目公司应在签署本合同后 30 日内向政府方提出施工临时用地申请（包括临时用地的位置、数量和使用期限等），政府方负责完成其征用及拆迁工作，但项目公司应向政府方及时足额支付与此有关的一切费用。设计图纸未能预见的项目用地范围内的通信、广播电视、供水、供电等管线（缆）和其他物品，如果需要迁移，项目公司应负责办理相关手续并承担全部责任和费用。

25. 2. 2　项目公司应按本款规定的时间及时向政府方足额支付与征地拆迁有关的一切费用，若因项目公司支付不及时，影响征地拆迁进度而造成的责任由项目公司承担。

25. 2. 3　项目公司不依法及时申报有关征用土地手续，未及时足额支付征地拆迁费用及临时用地费用，未及时提出临时用地申请，或由于其他应由项目公司负责的原因，导致项目建设工期延误给政府方或第三方造成经济损失的，项目公司应承担责任并予以补偿。

25. 2. 4　政府方未按征地、拆迁和安置方案确定的时间提供全部或部分项目需要使用的土地超过 180 日的，影响项目建设的，项目公司有权要求政府方承担违约责任，具体标准由合同各方在专用条款中约定。前述违约行为影响本合同目的不能实现的，项目公司有权解除本合同。

第八节　工 程 建 设

26. 一般约定

26.1　建设内容

项目公司应按照本合同约定的建设内容进行建设，具体建设内容见专用条款约定。

26.2　建设期

本项目建设期的期限和起止时间由合同各方在《合同协议书》中予以约定。包括多个子项目或项目分期建设的，建设期由合同各方在专用条款中约定。

26.3　建设标准和要求

26.3.1　适用于本项目的建设标准和要求，包括但不限于设计标准、施工标准、验收标准、安全生产和环境保护标准等，具体由合同各方在专用条款中约定。项目公司应按照法律规定及本合同约定的标准和要求进行建设。

26.3.2　本项目建设承包方式的选择和适用，应尽最大可能实现效率原则，合同各方可在专用条款中选择采用工程总承包、施工总承包或其他方式。

26.4　勘察设计的有关要求

26.4.1　项目公司应督促勘察设计单位按已批准的技术标准和工程规模进行项目的勘察与设计。除政府相关部门另行批准外，本项目的勘察设计应按“可行性研究报告”及其审查意见执行，并遵循以下原则：

（1）“可行性研究报告”推荐的设计速度、路基宽度等主要技术标准不能降低；

（2）“可行性研究报告”确定的主要路线控制点不能改变，互通立交数量不能减少；

（3）在设计阶段不能以节约桥隧数量及长度为理由来增加“可行性研究报告”中推荐方案的里程；

（4）项目沿线居民密集区的桥涵数量不得随意减少，应充分考虑当地群众的生产、生活；

（5）应当按照法律和工程建设强制性标准进行勘察和设计，重视地质环境对安全的影响，提交的勘察设计文件应满足公路工程安全生产的需要，防止因设计不合理导致安全生产隐患或者生产安全事故的发生；应当对有可能引发公路工程安全隐患的地质灾害提出防治建议；采用新结构、新材料、新工艺的工程和特殊结构的工程，应当在设计文件中提出保障施工作业人员安全和预防生产安全事故的措施建议。

26.4.2　初步设计和施工图设计

（1）项目公司应对项目初步设计和施工图设计的进度和质量负责。初步设计和施工图设计完成后，项目公司应首先组织有关专家或者委托有相应工程咨询或者设计资质的单位，对设计文件进行审查并出具审查意见，审查的主要内容包括：勘察设计是否遵循了本合同规定的原则；是否符合工程建设强制性标准、有关技术规范和规程要求；是否达到规定的技术深度要求；工程结构设计是否符合安全、稳定、耐久性和水保环保要求等。

（2）项目公司应按基建程序将项目的初步设计和施工图设计文件报请政府相关部门审查批准。在政府相关部门没有批准施工图前，项目公司不能进行项目的施工。

（3）政府相关部门在收到项目公司提交的设计文件后应按规定时限进行审查。如果需要对有关内容进行澄清或询问，政府相关部门应在接到该设计文件的 20 日内通知项目公司进行澄清或答复。凡政府相关部门在审查意见中提出的问题，项目公司应逐条给予认真贯彻落实。

（4）项目公司应在接到政府相关部门关于设计文件的澄清或询问的通知后 14 日内，对设计文件进行相应的澄清或答复，并且将修改后的图纸送交政府相关部门。项目公司无权对设计文件因这种澄清或修改事宜而引起的延误要求赔偿。

26.4.3　应免除政府方的责任

（1）项目公司应对项目的设计承担全部责任，包括设计的安全性、可靠性、经济性及合理性。

（2）政府相关部门对可行性研究报告的审批或项目申请报告的核准，不作为免除项目公司应承担的投资风险的依据。

（3）若政府相关部门未对初步设计、施工图设计、或任何规范、或项目公司的修改提出反对意见，并不意味政府方放弃了本合同项下的权利，也不代表项目公司可以免除合同项下的与项目的设计、施工、运营和养护有关的义务。

（4）即使政府相关部门对项目进行了任何审查或其他工作，也不免除项目公司作为建设单位依法依规应承担的设计和施工质量、安全等责任。

26.5　施工的有关要求

26.5.1　项目公司应按照项目审批、核准部门确定的招标组织形式、招标范围及招标方式，进行施工单位和重要设备、材料供应单位的招标（依法可以不招标的除外），并与中标人签订合同，不得附加不合理、不公正条款，不得签订虚假合同。除专用条款另有约定外，社会资本方自身具备法定的施工资质和能力，可直接承担项目的工程施工任务。

26.5.2　项目公司应根据批准的建设工期合理确定施工合同工期，严格按照施工合同工期组织项目建设，不得随意压缩施工合同工期。如遇特殊情况确需缩短施工合同工期的，应与相关单位协商一致，并采取措施确保工程质量。

26.5.3　项目公司应按照《建设工程质量管理条例》《公路工程质量管理办法》《公路

工程质量检验评定标准》等法律和标准的规定，建立并督促施工单位、监理单位、勘察设计单位、设备材料供应单位、试验检测单位等建立全过程的质量保证体系、安全保证体系。项目公司应确保工程质量符合批准的施工图设计文件、国家相应的工程施工技术规范和技术标准，确保施工安全、杜绝重大责任事故。

26.5.4　项目公司应按照经政府相关部门审查和批准的项目的建设规模、设计标准、施工规范、施工图、施工计划完成施工。

26.5.5　项目公司应积极配合政府各相关部门对项目的工程建设进行的监督检查。

26.5.6　在项目建设实施过程中，项目公司应积极与政府方加强沟通，接受政府方提出的合理指导意见，以提高工程质量，降低工程造价，保证工程按期完工。

26.5.7　未经政府方同意，项目公司不得泄露、公布、发布、转让与项目有关的技术秘密或商业秘密。

26.6　监理单位和第三方试验检测单位（如有）的选择与管理

26.6.1　除专用条款另有规定外，政府方将依法通过公开招标方式选择本项目的监理单位和第三方试验检测单位（如有），与其签订服务合同，并负责向项目公司提供1份《监理服务合同》和《第三方试验检测服务合同》（如有）原件。

26.6.2　监理单位和第三方试验检测单位（如有）应依据国家规定和服务合同约定履行职责，对项目的进度、质量、计量、安全、试验检测结果等进行签署确认。

26.6.3　政府方负责对监理单位和第三方试验检测单位（如有）的人员管理、考核管理、处罚权、支付权等工作，除上述权利外的对监理单位和第三方试验检测单位（如有）的其他管理工作由项目公司负责。

26.6.4　项目公司应接受政府方选择的监理单位和第三方试验检测单位（如有）对项目建设施工的全过程监理和试验检测服务，并承担相应费用，该费用在政府方确定监理单位和第三方试验检测单位（如有）后5个工作日内，由项目公司按政府方的计划安排及时将该费用支付给政府方，再由政府方按服务合同的约定支付给监理公司和第三方试验检测单位（如有）。

26.7　项目公司对承包人的责任

26.7.1　项目公司应按照工程进度，及时向承包人支付工程款，严禁承包人垫资施工；按照规定的期限及时退还保证金、办理工程结算。不得拖欠工程款、材料款。

26.7.2　项目公司应加强对承包人工程款使用情况的监督检查管理，督促承包人不得拖欠分包人的工程款、材料款和农民工工资。

26.7.3　项目公司应加强对承包人使用农民工的管理，对不签订用工合同、非法使用农民工、拖延和克扣农民工工资以及其他违反国家对农民工相应保障规定的，应予以纠正。承包人拒不纠正的，应及时将有关情况报有关部门调查处理。

26.7.4　项目公司雇佣承包人不应解除项目公司对本合同项下的任何义务，项目公司应对承包人及其雇员的行为或过失而造成的本合同项下损失承担责任，并承担由于承包人及其雇员的行为或过失所造成的本合同项下的一切损失和赔偿。

26.7.5　项目公司与承包人签订合同应符合本合同的约定，且包含使项目公司能够履行本合同项下义务所必需的本合同的条款或具有同等效力的规定。

27. 建设义务

27.1　政府方提供的建设条件

27.1.1　政府方负责的前期工作已完成。

27.1.2　项目建设所需的应由政府方提供的水电等基础资源条件已具备。

27.1.3　专用条款中约定应当由政府方提供的其他条件。

27.2　政府方负责协调的事项

27.2.1　与项目征地拆迁、用地、存量资产等有关的民扰和其他社会干扰事件。

27.2.2　与本项目建设有关的依法需要组织听证或依法公示事项。

27.2.3　专用条款中约定的应由政府方负责协调的其他事项。

27.3　项目公司的建设义务

项目公司负责按以下要求完成工程建设任务：

27.3.1　项目公司应依法选择工程总承包单位、施工总承包单位、勘察设计单位、监理单位和重要设备和材料供应单位。社会资本方依法能够自行建设、生产或提供的，可不再招标。

27.3.2　项目公司应及时申请并获得项目建设所需的许可和审批文件，并保证其持续有效。

27.3.3　项目公司应严格控制建设资金的使用，不得用于与本项目无关的事项。

27.3.4　项目公司应积极协助配合政府方对项目建设的监督检查。

27.4　拒绝工程

在交工日前的任何时候，政府方有权以通知项目公司，拒绝不符合本合同要求的任何工程、材料或设备，并要求项目公司在规定的时间内按规定的内容改正工程或替换合适的材料或设备。项目公司应立即执行并将结果报政府方核备。

27.5　文明施工和安全生产

在本项目施工期间，项目公司应当采取有效措施文明施工，同时严格执行国家有关安全生产的法律及规章制度，并履行以下义务：

27.5.1　防治因施工产生的环境破坏和污染；

27.5.2　落实施工区域内的安全措施；

27.5.3　按规定处置建筑垃圾和工程渣土；

27.5.4　保护施工区域内的各种管线；

27.5.5 处理因本项目工程施工引起的其他问题。

27.6 地下设施和结构

27.6.1 项目公司应按照设计图纸规定，对公路用地范围内的所有公共设施和管线的转移、重新安置和安全负全部责任并承担一切费用。除非根据国家有关规定和本合同中另有规定，政府方没有义务移走地下所设的任何公共设施和管线。

27.6.2 在项目施工过程中，对有关设施造成损坏的，项目公司应当按照不低于该设施原有的技术标准予以修复，或者给予相应的经济补偿。

27.6.3 项目公司应向政府方赔偿因项目公司没有履行上述义务而对政府方造成的损失、损害及费用，并承担对第三方造成的赔偿和法律责任。

27.7 工程建设保险

27.7.1 从开工日起至项目签发交工证书止，项目公司应为项目投保建筑工程一切险、安装工程一切险，其保险金额应足以保证本项目永久工程、临时工程和设备、材料的现场重置。

27.7.2 项目公司应在整个施工期间为其现场机构雇用的全部人员投保人身意外伤害险和工伤保险，并要求其施工单位、监理单位也办理此项保险。

27.7.3 由于项目公司未按本合同约定办理某项保险，或未能使保险持续有效的，导致受益人未能得到保险人的赔偿，原应从该项保险得到的保险金应由项目公司支付。

27.8 建设期的审查和审批事项

建设期内政府方根据合同约定对项目建设相关事项的审查和审批，均不免除项目公司在本合同项下与项目建设、运营和移交有关的责任。

28. 计划和延期

28.1 建设进度计划

28.1.1 项目公司应按本合同约定实施建设进度计划，建设进度计划应当包含重要节点进度安排以及进度保障，并满足本合同建设期限要求。建设进度计划的具体内容由合同各方在专用条款中约定，包括建设进度安排及详细的实施方案，要有明确的阶段性目标控制点及相应的保证措施。

28.1.2 除专用条款另有约定外，建设进度计划需要调整的，项目公司应向政府方提交修改后的建设进度计划，政府方应在收到建设进度计划 30 日内批复。政府方认为需要修改的，项目公司应当在收到批复后 30 日内完成修改并重新提交。

28.1.3 政府方有权获取建设进度计划及其他项目相关资料。

28.2 开始建设

28.2.1 发出开始建设指令之日为开始建设日。合同各方可对开始建设的具体日期和要求在专用条款中约定。

28.2.2　除专用条款另有约定外，项目交工验收前，项目公司应每季度向政府方提交一份项目进度报告，报告的内容包括但不限于工程进度、资金使用情况等。项目施工结束后，项目公司应立即向政府方提交完工工程的竣工图纸及其他技术和设计资料、施工记录以及政府方可能需要的其他资料的副本。

28.3　延期的提出与批准

28.3.1　因不可归责于项目公司的下列事件，导致建设进度延误，且该事件为影响建设期的关键路径事件的，项目公司有权要求延长建设期及合作期：

（1）合作内容或项目建设范围变化。

（2）因政府方原因未能完成前期工作或提供建设用地影响建设的。

（3）政府方提出或批准的工程变更。

（4）发生不可抗力事件。

（5）专用条款约定的其他情形。

在任何情况下，由于项目公司违反合同项下的任何义务而导致建设进度的延误，项目公司无权要求延长建设期及合作期。

28.3.2　除专用条款另有约定外，建设期延期的处理按以下约定实施：

（1）项目公司在延误事件发生后 30 日内向政府方提交通知要求延期，并说明造成延误的原因及影响程度。

（2）项目公司应向政府方证明预计的交工日期已被或将被延误，且项目公司已经尽可能采取合理措施降低延期影响。

（3）政府方应在收到项目公司通知后 30 日内，决定是否同意延长建设期，并书面回复项目公司。政府方同意延期的，回复中应包括批准的延期期限。政府方不同意延期的，应说明理由。政府方要求项目公司补充相关材料的，项目公司应执行政府方的要求。

（4）政府方在收到项目公司通知后 30 日内未回复的，视为同意项目公司的延期要求。

（5）项目公司向政府方提交延期通知并不能解除项目公司合同项下的任何义务。如果政府方认为由于项目公司采取的措施不力导致项目建设期延误，政府方将不同意延期，且政府方可以要求项目公司采取合理的、进一步的措施来克服或减少延误。项目公司应执行政府方的相应指示，相应费用由项目公司自行承担。

28.4　其他

因项目公司原因造成建设进度延误或累计停工超过 180 日，导致本合同目的无法实现的，政府方有权解除合同。

29. 工程变更

29.1 政府方提出的工程变更

29.1.1 政府方有权提出工程变更。

29.1.2 除专用条款另有约定外，政府方提出变更的，应当按照以下约定执行：

（1）政府方应通知项目公司工程变更，项目公司在收到政府方的通知后30日内作出书面回复，说明实施该变更对建设投资和建设期的影响并可按第29.2款提出合理化建议。

（2）政府方应在收到项目公司回复后30日内书面回复项目公司，不同意项目公司意见的，应说明不同意理由。

（3）在交工日前的任何时候，政府方有权对已经政府相关部门批准的设计方案在不改变设计标准、建设规模、使用功能、主要控制点、互通立交数量等前提下进行适当的修改。由于上述原因导致建设投资增加的，纳入项目总投资，由项目公司承担；但增加的建设投资超过专用条款约定的比例或金额的，政府方应按照专用条款的约定承担该部分费用。

29.2 合理化建议

29.2.1 未经政府方批准，项目公司不得改变已经予以批复的设计文件确定的建设标准和规模：

（1）对于政府相关部门在项目设计文件中批准的路线走向、设计标准和工程规模，项目公司不得擅自修改；也不能通过降低结构安全系数或其他途径试图缩减投资规模。项目投资应以政府相关部门批准的初步设计概算为准，项目公司不得恶意超概。

（2）在工程施工前或施工期间，为优化完善设计、提高工程质量、加快工程进度、节约工程投资等目的，项目公司可对已经政府相关部门批准的设计方案进行适当的修改，设计变更应符合相关技术标准和设计规范要求，并按照行业主管部门颁发的设计变更管理办法履行审批手续。对于重大设计变更和较大设计变更，修改后的设计文件应提交给政府相关部门审查批准。

29.2.2 项目公司可向政府方提交书面申请，对已经批复的设计文件提出合理化建议，经政府方同意后方可实施，由此导致建设投资变化的，政府方按专用条款约定承担增加的费用或享有节约收益。项目公司擅自执行导致项目建设投资增加的，增加的费用由项目公司自行承担。

29.2.3 除专用条款另有约定外，关于合理化建议的执行约定如下：

（1）项目公司以书面形式提出合理化建议，并说明实施该合理化建议对建设费用和建设期的影响。

（2）政府方应在收到申请后30日内书面回复项目公司。

29. 3　工程变更备案管理

29. 3. 1　项目公司应当建立项目工程变更管理台账，定期对工程变更情况进行汇总，并应当每半年将汇总情况及相关工程变更文件报政府方备案。

29. 3. 2　政府方可以对管理台账随时进行检查。

29. 3. 3　工程变更文件的内容包括但不限于：

（1）工程变更说明；

（2）工程变更的勘察设计图纸及原设计相应图纸；

（3）工程量、投资变化对照清单和分项概、预算文件；

（4）工程变更对阶段性控制节点的影响以及调整要求；

（5）监理及第三方造价咨询机构的审查意见。

29. 4　法律变化或客观条件变化引起的工程变更

因法律变化或客观条件发生重大变化，需要变更建设标准和要求的，项目公司应向政府方提出变更方案，变更方案应包括变更的原因、范围、价款以及对本项目实施的影响等内容，经政府方批准后执行，由此增加的费用由政府方承担。项目公司擅自变更建设标准和要求导致项目建设投资增加的，增加的费用由项目公司自行承担。

30. 项目验收与保修

30. 1　项目交工验收

30. 1. 1　当项目按本合同要求已建成并具有独立使用价值时，项目公司应按国家有关规定准备交工验收。

30. 1. 2　交工验收由项目公司主持，政府方派代表参加。交工验收的内容和程序应按交通运输部《公路工程竣（交）工验收办法》等有关规定执行。

30. 1. 3　交工验收合格后，项目公司应按政府方规定的要求及时完成项目交工验收报告，并向政府方备案。政府方在 15 日内未对备案的项目交工验收报告提出异议，项目公司可签发交工证书、开放交通，项目进入试运营阶段。

30. 1. 4　未经交工验收或交工验收不合格的项目不得进入试运行，也不得报请竣工验收。

30. 1. 5　因交工验收不合格而导致的费用增加和建设进度延误由项目公司承担，验收不合格且经整改后仍未达到验收标准的，政府方有权自行委托其他单位整改，由此引起的费用增加由项目公司承担。

30. 2　项目竣工验收

30. 2. 1　项目试运营 2 年后 3 年内，项目公司应按有关规定向政府方申请进行项目的竣工验收。

30. 2. 2　竣工验收由政府方主持，综合评价项目建设成果，对工程质量、参建单位和建设项目进行综合评价。竣工验收的内容和程序应按交通运输部《公路工程竣（交）工验收办法》等有关规定执行。

30.2.3 竣工验收合格后，政府方签发《公路工程竣工验收鉴定书》，项目进入正式运营期。同时，项目公司应按照规定向档案管理部门办理有关档案资料移交手续。

30.2.4 竣工验收不合格的，项目不得进入正式运营，同时将终止试运行阶段的收费，进行整改直至验收合格。

30.2.5 项目竣（交）工验收期间质量监督机构进行工程质量检测所需的费用由项目公司承担。

30.3 未进行验收

30.3.1 项目公司对未进行交工验收、交工验收不合格或未备案的项目开放交通进行试运营的，政府方有权责令其停止试运营，进行整改直至验收合格；同时，政府方有权没收其非法所得，并按本合同的约定扣除项目公司的违约金。

30.3.2 项目试运营期超过3年，项目公司仍不申请竣工验收的，政府方将责令改正，对责令改正后仍不申请组织竣工验收的，政府方有权责令其停止试运营，进行整改直至验收合格；同时，政府方有权按本合同的约定扣除项目公司的违约金。

30.4 环保、水保、档案等专项验收

30.4.1 按照有关规定，项目公司应当在项目竣工后向审批该建设项目环境影响报告书、环境影响报告表或者环境影响登记表的环境行政主管部门申请环境保护设施竣工验收。

30.4.2 项目公司还应按照国家有关规定，办理水保、档案等专项验收。

30.5 政府方检查和接受本项目的全部或部分以及出具验收确认文件的行为，不减轻或免除项目公司在项目建设中对缺陷或延误所应承担的义务或责任。

30.6 工程保修

30.6.1 项目公司应按有关法律的规定并结合项目实际特点，设置工程缺陷责任期和质量保修期，并扣留相应比例的工程质量保证金，以约束承包人按施工合同约定承担缺陷修复责任。

30.6.2 项目公司向政府方负有工程缺陷修复责任和保修责任，不得因履行缺陷修复责任和保修责任不及时、不到位而影响公众对本项目的正常使用权利。

31. 项目建设投资确认

31.1 项目建设投资的计价与确认

项目建设投资确认是指按照本合同约定对项目公司在本项目的建设投入的确认。本项目建设投资确认的原则、依据、期限等内容由合同各方在专用条款约定。

31.2 过程确认

合同各方按照法律规定和本合同在项目建设过程中对项目建设投资进行过程确认。过程确认的方式、依据、期限等内容由合同各方在专用条款中约定，需要审计的，政府方依法选定审计单位，对本项目建设投资进行过程审计确认。

31.3 最终确认

除专用条款另有约定外，项目公司应在交工验收合格后60日内向政府方提交书面形式的建设投资确认申请，并附送完整的资料，包括但不限于：交工结算报告、竣工财务决算报告、经审定批准的竣工图纸及全部交工验收资料等文件以及政府方要求的其他资料，政府方在收到项目公司提交的投资确认申请之日起90日内完成审批。

合同各方可在专用条款中另行约定项目建设投资最终确认的方式、依据、期限以及与审计有关的事项。

31.4 项目建设投资确认结果的使用

项目建设投资经确认后，构成计算本项目投资收益的依据，合同各方可以在专用条款中约定与项目建设投资确认结果的相关事项。

32. 建设期政府方监管

除专用条款另有约定外，建设期政府方监管按照以下约定实施。

32.1 政府方可在项目公司成立后30日内，向项目公司送达监管计划，明确建设期监管主体、内容、方法、程序等事项。

32.2 政府方有权检查工程进度及工程质量履行情况。

32.3 政府方发现施工存在质量缺陷的，有权要求项目公司停止建设并整改，直至符合标准，由此造成建设进度延误的，延误的期限和造成的损失由项目公司承担。

32.4 政府方有权聘请具备相应资格的第三方对竣工财务决算有关的事项进行审核，项目公司应予以配合，前述费用由政府方承担。

32.5 政府行业主管部门、质监部门、造价部门及政府方的监督

32.5.1 政府行业主管部门、质监部门、造价部门有权随时对项目的施工进度、质量、施工管理和资金使用等进行监督和检查。

32.5.2 政府行业主管部门、质监部门、造价部门若发现工程施工或所用材料等有缺陷，有权要求项目公司处理，直至符合质量要求为止。项目公司应无条件服从，因此耽误的工期和造成的损失由项目公司承担。

32.5.3 项目公司应按有关规定和政府方要求向政府行业主管部门、质监部门、造价部门提交建设工程质量控制结果文件，并报告工程进度、质量管理、安全生产、环境保护等情况。

32.5.4　政府行业主管部门、质监部门、造价部门监督和检查的相关费用应由项目公司按照有关规定负责承担。

32.5.5　为开展项目施工情况的相应监督和检查，项目公司应按要求为政府行业主管部门、质监部门、造价部门的代表准备进场、提供协助和必要的设备（包括临时的办公场地和设备）。

32.5.6　除政府部门依照适用法律进行的监督检查以外，在项目建设期间经合理通知项目公司后，政府方有权派代表对项目进行监督检查。政府方监督检查的费用由政府方自行承担，除非监督和检查的结果表明工程、材料、设备等存在任何重大缺陷，在此情况下，项目公司应承担监督和检查的费用。

32.5.7　政府行业主管部门、质监部门、造价部门没有监督或抽检施工工程的全部或部分，或者政府行业主管部门、质监部门、造价部门不能监督、抽检或拒绝全部或部分施工工程，并不意味着政府方放弃了本合同项下的权利，同时也不意味着项目公司可以解除合同项下的任何义务。

32.6　政府方对工程项目的监督和检查，不视为政府方放弃其在本合同项下的任何权利，也不能免除项目公司在本合同项下的任何义务。

33. 建设期违约及处理

33.1　政府方违约情形及处理

33.1.1　建设期内发生下列情形，视为政府方违约：

（1）政府方未按本合同约定提供建设条件。

（2）政府方无正当理由要求停止建设。

（3）专用条款约定的其他违约情形。

33.1.2　政府方发生本条约定的违约情形的，项目公司有权向政府方发出通知要求其改正，政府方未在规定期限内予以改正的，按照专用条款的约定承担违约责任。

33.2　项目公司违约情形及处理

33.2.1　建设期内发生下列情形，视为项目公司违约：

（1）项目公司在项目实施过程中侵占和挪用项目资本金及其他建设资金；项目资金不能按计划分期足额到位，造成项目建设资金链中断的。

（2）因项目公司原因导致建设进度延误的。

（3）项目公司通知政府方已经终止项目的设计或施工，并且不再重新开始设计或施工的。

（4）项目公司拒绝开工或擅自停止工程施工，或施工单位从项目现场撤走全部或关键的人员和设备的。

（5）因项目公司原因造成项目总投资超过初步设计概算总投资的。

（6）项目公司未按本合同约定进行交工验收、竣工验收或专项验收的。

（7）项目交工验收或竣工验收确定的工程质量低于本合同约定的质量目标的。

（8）项目未能实现本合同约定的安全生产目标、环境保护目标及其他建设期绩效目标的。

（9）项目公司利用本项目进行欺诈等违法活动的。

（10）项目公司违反专用条款中约定的其他义务的。

33.2.2　项目公司发生本条约定的违约情形的，政府方有权向项目公司发出通知要求其改正，项目公司未在规定期限内予以改正的，按照专用条款的约定承担违约责任。

第九节　运营和服务

34. 一般约定

34.1　运营维护范围

项目公司应按照本合同约定的运营维护范围开展运营，具体运营维护范围见专用条款约定。

34.2　运营维护期限

本项目运营期期限由合同各方在《合同协议书》中予以约定。多个子项目或项目分试运营和正式运营的，运营期由合同各方在专用条款中约定。

34.3　运营维护标准和要求

34.3.1　合同各方应当在专用条款中约定适用于本项目的具体运营养护目标、服务质量目标。

34.3.2　项目的运营服务标准见专用条款。

34.3.3　项目公司应按以下要求开展养护工作：

（1）保证项目上的各种工程及设施等均处于良好的技术和安全状态，达到上述服务水平目标，从而保证项目具有快速、畅通、安全、舒适、经济的使用功能。

（2）接受行业主管部门或其授权的机构的监督管理，接受其组织的公路检查或养护检查及质量评定。

（3）每季度进行一次公路养护质量评定工作，并于每季度的首月 10 日前按有关规定向政府方报送公路养护质量的评定材料。

（4）建立完善的公路运营及养护管理信息系统，按有关标准、规范建立完整的信息网络，及时、准确地掌握运营信息及路面、桥涵状况等养护相关信息，利用计算机信息系统，对所检测的数据进行分析处理，根据评定结果提出养护对策，有依据、有计划、有针对性地安排养护项目，确保项目的养护质量和服务水平。按规定需要对公众公开的运营养护数据，应通过信息网络公开；政府相关主管部门因行政管理或信息公开需要，要求提供上述项目管理信息系统数据接口的，应免费配合提供，并保证持续有效提供相关数据。

（5）在项目养护作业中，应满足正常行车的需要，交通组织和安全布控应按照相应的行业标准和规范进行。除非应急抢险或维护通行和养护人员人身安全需要，未经政府方书面批准，不能中断公路通行服务进行养护作业。

（6）严格按照有关技术规范和标准进行养护作业，提高养护作业的时效性、机动性、安全性和可靠性。迅速、优质、高效地处理各类路面损害和障碍，确保运营质量。

34.4 运营维护计划与运营维护手册

34.4.1 项目公司应按照本合同约定的运营维护计划开展运营。运营维护计划主要包括设备、材料、人员和资金需求计划、运营维护时间计划、大中修计划等、试运营工作安排等，运营维护计划的具体内容由合同各方在专用条款中约定。

34.4.2 项目公司应在交工验收前30日内，根据法律和谨慎与安全运营惯例编制指导项目运营的运营维护手册并提交政府方。运营维护手册主要包括运营管理办法，维修、维护、更新、改造和追加投资办法，记录和报告制度，应急预案等相关内容。运营维护手册具体内容由合同各方在专用条款约定。运营维护手册经政府方批准后，项目公司还应制定切实可行的实施细则。

34.4.3 除专用条款另有约定外，项目公司可以对运营维护计划和运营维护手册进行修改，并重新提交政府方，政府方应在收到后30日内批复。政府方认为需要进一步修改的，项目公司应当在收到批复后30日内完成修改并重新提交。

35. 运营维护义务

35.1 政府方提供的条件

政府方提供的条件见专用条款约定。

35.2 政府方的协调义务

（1）政府方负责协调项目公司与公路路政管理机构、公安交通管理部门在项目运营管理中做好路政管理和交通管理，保障项目的运营安全畅通。

（2）政府方负责按相关规划协调项目周边路网及其他运输渠道与本项目实现顺利对接。

（3）政府方负责协调因项目运营维护所产生的扰民和干扰等问题。

（4）政府方负责协调与本项目运营维护有关的依法需要组织听证或依法公示事项。

（5）专用条款中约定的需要由政府方协调的其他事项。

35.3 运营维护义务

35.3.1 项目公司应当按照法律规定和本合同约定的运营维护标准和要求，向公众提供持续、稳定的公路通行服务和其他配套服务。

35.3.2 项目公司应当对服务范围内所有公众用户无差别地提供公路通行服务和其他配套服务。

35.3.3 从交工之日至运营期届满期间，项目公司应依据政府方批准的运营维护手册，按照国家规定的技术规范和操作规程，对项目及其附属设施进行日常检查、维护，保证项目一直处于良好的技术状态，为通行车辆及人员提供优质服务。

35.3.4 从交工之日至运营期届满期间，项目公司应保证国家重要战略物资、设备运输及军事行动、抢险救灾等特殊情况下对项目的使用，保证安全畅通，并无条件承担由此发生的一切费用（包括对设施的加固、维修等费用）。

35.3.5　项目公司可自主进行项目的运营、养护和维修工作，也可报请政府方批准后选择合格的公路养护队伍或其他专业公司进行运营、养护和维修工作。

35.3.6　项目公司应服从项目所在地联网收费统一的收费模式、收费系统技术标准、收费业务流程和联网收费管理规章，并承担项目路网收费设施、监控系统和通信系统设施的新改建费用。如联网收费需收取联网结算费用的，项目公司应承担相应的费用。

35.3.7　项目公司应负责公路用地范围内的山坡、荒地的水土保持，以及公路用地范围外取、弃土场的水土保持。

35.3.8　项目公司应按照有关要求负责项目的绿化养护工作。

35.3.9　项目公司应严格执行有关公路车辆通行费征收的政策规定。

35.3.10　项目公司应服从行业主管部门对公路项目运营统一管理的要求。

35.3.11　项目公司应负责筹措项目运营、养护和维修所需的全部资金。

35.3.12　因不可抗力、法律变更等原因需要停止运营或者部分停止运营的，项目公司应当尽快向政府方和政府相关部门报告，经批准并提前通知相关使用者后方可停止运营。因客观条件障碍导致无法及时与政府方和相关部门取得联系的，项目公司应本着减少损失和有利于公众的原则先行处理，事后补充提交相关报告。

35.4　上报程序

项目公司应保存下列记录，并且每个月向政府方进行上报：

35.4.1　项目通行车辆的日交通量的记录，以及为驾驶员提供的紧急服务的记录；

35.4.2　对项目进行的任何养护或维修的报告；

35.4.3　在任何时候政府方合理需要的关于项目的运营、养护和维修的资料。

35.5　安全及紧急事件

项目公司应：

35.5.1　为项目制定和提供全部必要的防灾体制与安全措施；

35.5.2　经与政府方协商后，制定关于项目的应急预案；

35.5.3　因恶劣天气、自然灾害、重大事故或其他紧急情况项目交通受到严重影响时，项目公司应当服从政府方的指挥，采取紧急措施，疏导或恢复交通。

35.6　项目的关闭

35.6.1　出于安全考虑，或为了预定的或紧急的养护及清洁等目的，项目公司可以向公安交通主管部门申请暂时关闭项目的全部或任何部分，未经有关部门批准不得自行关闭。

35.6.2　公安交通主管部门出于公共安全的原因，或在紧急状态下，或为了国家安全，可以在任何时候要求项目公司临时关闭项目，项目公司应无条件执行并承担相应费用。

35.7　收费管理

35.7.1　通行费的征收

（1）除特种车辆外，在收费期限内，项目公司有权按照政府物价部门批准的收费标准、收费站点，对所有通过项目的车辆收取通行费。

（2）政府方应协助项目公司在项目运营收费之前取得收费许可证。

35.7.2　收费人员的管理

项目公司有权自行决定收费人员的招收工作，收费人员的配备应当与收费车道的数量、车流量相适应，应当按项目所在地公路路网收费车道的标准配置，保障收费服务水平。项目公司应加强收费人员的职业道德教育、业务培训和工作考核，收费人员应当做到文明礼貌、规范服务，以确保收费工作的正常有序。

35.7.3　收费系统与设施

（1）收费车道的设置，应当符合车辆行驶安全的要求；收费车道的数量，应当符合车辆快速通过的需要，不得造成车辆堵塞。

（2）项目公司应严格执行收费、监控等系统管理制度。

（3）项目公司应当在收费站的显著位置，设置载有收费站名称、审批机关、收费单位、收费标准、收费起止年限和监督电话等内容的公告牌，接受社会监督。

35.7.4　收费票款

项目公司收取车辆通行费，应向使用者开具收费票据，收费票据由税务部门统一印（监）制。项目公司应严格建立票据、票款使用规定、票款结算等制度，保证通行费的收缴正常。

35.7.5　稽查

（1）政府方有权随时对项目公司及其收费站点进行稽查。

（2）项目公司应建立严格的内部稽查制度，以确保项目收费工作的正常秩序，保证收费人员严格按照收费标准依法收费，杜绝违纪现象发生。

（3）项目公司应严格遵守有关公路收费管理的法律、规范性文件。

35.8　路政管理

35.8.1　路政管理的工作内容

本项目路政管理工作由政府方或者其设置的公路路政管理机构的派出机构、人员负责，项目公司应按项目所在地省级人民政府有关规定提供必要的办公、生活设施和路政管理、清障救援等必需的装备以及其他一切便利条件。需要由项目公司承担相关费用的，按专用条款约定执行。项目公司应配合政府方或公路路政管理机构依法履行下列管理职权：

（1）贯彻执行公路管理的法律和规范性文件；

（2）保护公路路产；

（3）实施全天候路政巡查；

（4）管理公路两侧建筑控制区；

（5）依照法律查处和制止各种违章利用、侵占、污染、损坏和破坏路产的行为；

（6）维护项目养护、施工作业现场的秩序；

（7）维护项目进出口内外秩序，巡查碰损设施标志后逃逸车辆；

（8）依法维护公路管理机构排除侵权而拥有的民事权益；

（9）对项目沿线的群众实施保护路产、维护路权的宣传教育；

（10）在紧急情况下执行公安交通主管部门临时交予的关闭交通的义务；

（11）法律所规定的其他职责。

35.8.2　路政管理的一般要求

（1）项目公司无权受理任何有关路政管理的批准事项。未经政府有关部门批准，项目公司不得在项目公路用地范围内设置除交通标志以外的其他标志。

（2）项目公司在项目上进行养护维修施工作业时，应事先经过相关部门批准并按规定实施施工现场布控，维护好施工现场秩序，作业完工后应及时清理现场，确保公路完好畅通。

（3）项目公司发现破坏、损坏或者非法占用路产和影响公路安全的行为应当予以制止，在紧急情况下，应当立即采取应急措施，做好安全防护工作，并及时向路政管理机构报告，协助路政管理人员实施日常路政管理。

（4）项目公司应当接受路政管理人员依法实施的监督检查，并为其提供方便。

（5）项目公路上清理故障、事故拖车业务由项目公司负责。项目公司应按有关行业规定标准配置清障车辆和清障人员，所需的清障车辆购置费、使用费和清障人员经费等由项目公司承担，清障收入归项目公司，收费标准由项目所在地省物价部门审定。

（6）除政府相关部门因路网完善的需要在项目上增设永久性的工程设施之外，项目公司不得擅自在项目公路建筑红线内建设永久性的工程设施。

35.9　交通管理

35.9.1　交通管理的工作内容

公安交通管理部门依法负责项目交通管理工作，项目公司应在政府方授权的范围内协助公安交通管理部门的派驻机构完成下列任务：

（1）经常进行交通巡逻、检查，发现项目上出现问题，及时向中心控制室报告信息。

（2）当发生交通事故时，按中心控制室排除事故指令，及时赶赴现场疏导交通；协助救援、救护、消防部门进行救援、救护、救灾；配合路政部门清障保通。

（3）对交通拥挤问题，采取必要疏导措施。

（4）在紧急情况下依法实施交通管制。

（5）对公路行车安全进行宣传、教育。

（6）法律规定的其他职责。

35. 9. 2　交通管理的一般要求

（1）遇有公路损坏、施工或者发生交通事故等影响车辆正常安全行驶的情形时，项目公司应当在现场设置安全防护设施，并在项目出入口进行限速、警示提示，或者利用项目沿线可变信息板等设施予以公告；造成交通堵塞时，应当及时报告公安交通管理部门并协助疏导交通。

（2）遇有公路严重损毁、恶劣气象条件或者重大交通事故等严重影响车辆安全通行的情形时，公安交通管理部门应当根据情况，依法采取限速通行、关闭公路等交通管制措施。项目公司应当积极配合公安交通管理部门，及时将有关交通管制的信息向通行车辆进行提示。

（3）发现车辆超载时，项目公司应当及时报告公安交通管理部门予以处理。

（4）公安交通管理部门有权要求项目公司将道路监控图像传输至公安交通管理部门，项目公司监控图像在公安交通管理部门之间的图像传输建设及其费用由公安交通管理部门负责。

35. 10　超限超载治理

根据《公路安全保护条例》及其他有关规定，政府方依其法定职责协调项目公司在项目关键入口处加装称重和监控设施，项目公司通过阻截、劝返等方式防止违法超限车辆通过项目进入项目所在省路网。对于未经许可驶入项目的违法超限车辆，项目公司要及时制止并向有关主管部门报告，由有关主管部门依法查处；因违法超限运输给项目造成损害的，项目公司可依法追偿。

35. 11　经营与开发管理

35. 11. 1　项目公司有权在有关法律法规允许的范围内，对项目沿线服务设施、广告项目采取自主经营、合作经营、租赁经营等商业形式进行开发，但无论采取何种经营方式，相关合同的期限均不得超过运营期。

35. 11. 2　项目沿线服务设施应保证满足公路运营需要，服务内容和质量应符合要求。

35. 11. 3　项目用地范围内广告等设施的设置不得违反法律、法规的禁止性规定。

35. 11. 4　项目公司应将服务设施的运营方式报政府方备案。

35. 11. 5　项目公司对项目沿线服务设施、广告项目的经营开发应按照行业管理的要求，办理相关手续。在经营开发过程中，项目公司应服从行业主管部门的统一管理，接受监督检查。

35. 12　项目后评价

35. 12. 1　在合作期内，项目公司应指定专人建立项目的跟踪管理系统和定期检查制度，按规定逐步完善各阶段的管理机制，自签订本合同起即开始填写“公路建设项目管理卡”，并建立设计、施工、运营各阶段的技术经济档案，为项目后评价工作积累完整的技术经济资料和数据。

35.12.2　项目公司应在项目通过竣工验收并通车运营3～5年后（具体时间由政府方确定），组织由项目公司和承担本项目可行性研究、勘察设计、施工、监理、运营管理等单位共同参与的项目后评价工作，并向政府方提交项目后评价报告。后评价报告应按照《公路建设项目后评价报告编制办法》等相关规定编制。

35.12.3　项目公司在接到政府方有关进行项目后评价的通知后30日内，应向政府方提交一份项目后评价工作计划，并在工作计划批准之后6个月内完成项目后评价报告。后评价报告经政府方组织审查后3个月内，项目公司应将按审查意见修改后的报告报政府方备案。

35.12.4　项目后评价报告的编制、审核、审查费用由项目公司承担。

35.12.5　政府方在收到项目公司提交的后评价报告后，将组织专家及有关人员审查其资料是否齐全、评价依据是否全面、评价方法是否科学、评价报告是否客观等，并向项目公司提供审查意见。

35.13　运营期保险

35.13.1　从项目签发交工证书之日起至运营期届满，项目公司应为项目投保公路财产一切险和公众责任险，避免因自然灾害、意外事故和人为（如偷窃、疏忽、非被保险人的恶意行为）造成的公路财产的损失或灭失，其保险金额应按公路的重置成本来确定。

35.13.2　项目公司应在整个合作期内为其员工投保人身意外伤害险。

35.13.3　由于项目公司未按本合同约定办理某项保险，或未能使保险持续有效的，导致受益人未能得到保险人的赔偿，原应从该项保险得到的保险金应由项目公司支付。

36. 试运营和正式运营

36.1　试运营

36.1.1　除专用条款另有约定外，本项目试运营的条件是交工验收合格并经政府方书面同意。项目试运营之日即项目投入运营之日，试运营期不得超过3年。

36.1.2　项目公司有权取得试运营期间的相应收入和回报，试运营期的运营成本和费用由项目公司承担。

36.2　正式运营

除专用条款另有约定外，本项目正式运营的条件是竣工验收合格，政府方签发《公路工程竣工验收鉴定书》且获得政府方同意。

36.3　运营缺陷

运营缺陷是指项目运营不符合法律规定或本合同约定的运营维护标准和要求，包括瑕疵、错误、遗漏和障碍等。除专用条款另有约定外，运营期存在运营缺陷的，项目公司应当在发现缺陷后的 15 日内书面通知政府方，并尽快编制修复方案报政府方批准后执行。

37. 运营成本

37.1　运营成本构成

除专用条款另有约定外，运营成本的各项费用包括但不限于以下内容：

37.1.1　项目运营养护费用：包括营业成本和管理费用。其中，营业成本包括公路经营成本、安全和通信及监控设施的维护成本、公路灾害预防及抢修成本、公路绿化成本、征收业务成本和其他成本。管理费用包括公司经费、工会经费、职工教育经费、劳动保险费、待业保险费、董事会费、咨询费、审计费、诉讼费、排污费、税金、技术转让费、技术开发费、无形资产摊销、开办费摊销、业务招待费、存货盘亏、毁损和报废（减盘盈）以及其他管理费用。

37.1.2　财务费用：是项目公司为筹集资金而发生的各项费用，包括企业经营期间发生的利息净支出、汇兑净损失、买卖外汇价差、金融机构手续费以及筹资发生的其他财务费用等。

37.1.3　大中修费用。

37.1.4　税费：包括增值税及附加等。

37.2　运营成本的确认

37.2.1　运营成本的确认是指按照本合同约定对本项目一定期限内运营支出的确认。

37.2.2　本项目运营成本确认的计价原则、计价依据、计价期限等内容由合同各方在专用条款约定。

37.3　确认程序

除专用条款另有约定外，项目公司应在约定计价期限届满后 30 日内向政府方提交书面形式的运营成本确认申请，并附送完整的资料，政府方在收到后 30 日内完成审批。

37.4　运营成本的应用

除专用条款另有约定外，运营成本经政府方确认后，作为项目公司收入及回报的计算依据，具体要求和计算方法见专用条款约定。

37.5　运营成本增加

因政府方原因改变运营标准和要求而增加的运营成本，由政府方承担。

38. 运营服务计量

38.1　项目公司应严格执行政府关于车辆通行费收费管理有关法律、标准和规范，严格执行相关财务管理办法，加强财务管理和经济核算。

38.2 项目公司应按规定向政府方提交反映项目经营状况各个方面的财务报告和统计报表，并保证真实、准确与完整。项目公司提交政府方的相关资料应满足：

38.2.1 一切记账凭证、报表、账簿等均用中文书写；

38.2.2 采用人民币为记账本位币；

38.2.3 应就本项目相关资产和经营收支单独核算和报告；

38.2.4 每会计年度结束后2个月内，项目公司应聘请独立于社会资本方和项目公司的有资格的会计师事务所对项目公司的年度财务报表以及项目的相关财务资料进行审计。

38.2.5 项目公司应将年度财务报告和审计报告以及针对本项目相关财务资料的专项审计报告报政府方备案。

39. 更新改造和追加投资

除专用条款另有约定外，更新改造和追加投资适用以下约定：

39.1 在合作期内，项目公司应根据本合同对项目进行更新改造，自行承担费用和风险，并承担因车流量变化等原因带来的追加投资。项目公司为项目更新改造以及追加投资而购置的所有设备及设施、形成的固定资产，纳入移交内容中，并在合作期终止时按照本合同要求向政府方移交。项目公司应于更新改造开始前30日内提交更新改造计划，经政府方书面同意后执行。

39.2 因国家或省级政府统一要求，政府方对项目运营维护标准和要求提出调整变化，需要更新改造和追加投资的，由项目公司编制追加投资计划，报政府方批准后实施，由此产生的费用按专用条款约定承担。

39.3 在项目车流量达到设计饱和交通量时，政府方有权要求项目公司对项目进行扩建，扩建标准、投资规模按扩建项目程序核准，扩建工程所需的资金筹措和建设实施均由项目公司负责，对项目公司补偿或调整收费期、收费标准见专用条款约定。

40. 运营期政府方监管

40.1 政府方有权获取项目运营维护计划、运营维护实施细则及其他运营文件。

40.2 政府方应当及时监测、分析项目实施情况，定期组织相关部门对项目实施情况进行综合评估，建立并持续跟踪保存本项目相关的档案信息。对本项目的监测、评估不得妨碍项目的正常经营活动。

40.3 政府方可委托具备资质的专业机构实施运营期的政府方监管工作，包括但不限于中期评估和运营期满的评估等，重点分析项目运行状况和本合同的合规性、适应性和合理性；及时评估已发现问题的风险，制定应对措施。除专用条款另有约定外，评估委托费用由政府方承担。

40.4　项目公司对监管评估结果提出异议的，可由合同各方另行共同委托第三方复核，评估结果按照复核后的结果执行，仍无法达成一致的，按照本合同第二十节【争议解决】相关约定执行。

40.5　根据项目运营评估结果需要项目进行更新改造的，项目公司应在报告要求的期限内完成。逾期未完成的，政府方可自行修复和更新，由此发生的费用由项目公司承担。非因项目公司造成增加更新改造的费用，由政府方承担。

40.6　政府方依据自身行政职能对项目运营进行监管，项目公司应当予以配合。

40.7　政府方有权委派有关工作人员进入项目，监督检查公路及其附属设施的日常养护、预防养护、修复养护及应急养护情况，或者进行其他有关车辆通行服务的进一步检查，对项目养护质量评定工作进行定期和不定期的检查和监督，研究设置安全和急救措施，督促项目公司做好安全防范措施。对于政府方提出的整改意见，项目公司应予以执行。政府方也可以委托相关机构进行上述检查，但不应影响项目公司对项目的正常运营。

40.8　项目公司应按国家应急管理相关法律、法规和政府相关规定，制定应急预案，并报政府方审查批准后执行。

40.9　项目公司违反合同约定，威胁公路通行服务的持续稳定安全供给，或危及国家安全和重大公共利益的，政府方有权临时接管项目，直至启动项目提前终止程序。政府方可指定合格机构实施临时接管。临时接管项目所产生的一切费用，将根据本合同约定由违约方单独承担或由各责任方分担。项目公司应承担的临时接管费用，可以从其应获终止补偿中扣减。

41. 运营期特别补偿

41.1　因公共利益需要，政府方对运营提出暂停收费、降低收费价格等特殊要求的，由此增加运营成本或减少项目公司收益的，应依法给予项目公司特别补偿，特别补偿适用以下约定：

（1）政府方对运营提出特殊要求的，应当提前 30 日书面通知项目公司，通知应当明确特殊要求的目的、内容和实施期限等事项。

（2）项目公司应在收到通知后采取措施降低特殊要求对项目运营的影响，并在 15 日内制定处理方案提交政府方审批，政府方应当在收到处理方案后 15 日内书面反馈项目公司意见。处理方案应当包括处理措施、预期影响、预期损失和补偿方式等内容。处理方案具体内容应由合同各方在专用条款中约定。

（3）项目公司处理方案实施完毕后，合同各方按照专用条款约定的时间方式确认最终补偿金额，并向项目公司支付最终补偿金额。

（4）法律规定和专用条款约定的其他特别补偿事项。

41.2 本合同基准日前，国家和省级人民政府出台统一的车辆免费通行或降低收费通行政策导致项目公司通行费收入减少的，政府方将不予补偿；本合同基准日后，国家、省级人民政府或政府方出台的统一的车辆免费通行或降低收费通行政策导致项目公司通行费收入减少，政府方将按专用条款约定予以相应补偿。

42. 运营期违约和处理

42.1 运营期内发生下列情形之一的，构成项目公司违约：

（1）项目公司因自身原因未能按照本合同约定的时间进入运营期，或运营管理不满足本合同约定的运营维护范围、标准和要求的。

（2）项目公司存在违规收费或私自截留通行费收入的行为并经核实。

（3）项目公司未按照国家规定的技术规范和操作规程进行项目养护的，或者虽已按规定进行养护但不能达到本合同规定的运营养护目标或服务质量目标的。

政府方有权要求项目公司按照专用条款约定承担相应违约责任，并没收其非法所得；触犯刑法的，应依法移交司法机关追究刑事责任。

发生上述第（3）种情形的，政府方还可直接委托或通过招标形式选择施工单位对项目进行养护和维修，养护及维修的费用经结算后由项目公司负责承担。

42.2 因政府方原因导致未能按期开始运营的，构成政府方违约，项目公司有权要求政府方按照专用条款约定承担相应违约责任。

第十节　绩 效 评 价

43. 绩效评价主体、范围与标准

43.1　绩效评价主体及义务

43.1.1　除专用条款另有规定外，项目公司负责对本项目建设、运营服务情况进行自评价，结合项目建设、运营、养护以及合同执行过程中发现的问题及缺陷进行汇总并制定完善措施。

43.1.2　政府方负责组织对项目公司进行绩效评价，项目公司应予以协助配合。

43.1.3　政府方可依法选择具有相应能力的第三方作为绩效评价实施机构。合同各方可在专用条款约定绩效评价实施机构或绩效评价实施机构的选择标准和方法。

43.1.4　项目公司对绩效评价所涉及全部基础资料的真实性、合法性、完整性负责。

43.1.5　绩效评价实施机构对绩效评价报告的依据充分性、真实完整性、数据准确性和客观公正性负责。

43.2　绩效评价范围和标准

43.2.1　绩效评价范围涵盖整个项目合作期，包括建设绩效评价、运营绩效评价、移交绩效评价以及其他事项的评价。

43.2.2　政府方应按照法律规定和本合同约定，结合项目实际情况制定绩效评价标准并依法公示。

（1）建设绩效评价标准包括但不限于项目建设的工程安全、工程质量、建设进度、投资控制、环境保护、水土保持及文明施工等。

（2）运营、移交绩效评价标准包括但不限于项目产出、服务质量、可持续性、公众满意度、缺陷的可修复性等。

（3）其他事项的评价标准应结合项目行业标准、历史情况、计划标准等确定。

43.2.3　因本项目适用规范、标准的更新及项目需求的变化等原因，需要调整绩效评价标准的，由政府方制定调整后的绩效评价标准，经协商后并依法公示。调整绩效评价标准构成变更的，按本合同第十三节【合同变更】相关约定执行公示无异议的，调整后的绩效评价标准作为计算可行性缺口补助的依据之一。

43.2.4　本项目绩效评价的具体范围和标准见专用条款约定。

44. 绩效评价程序

44.1　绩效评价周期

绩效评价可采用定期和不定期方式进行，合同各方可在专用条款中约定绩效评价的定期或不定期频次。

44.2 绩效评价程序

除专用条款另有约定外，绩效评价的程序如下：

44.2.1 项目公司自行开展自评价的，自评价的程序由合同各方在专用条款中约定。

44.2.2 绩效评价实施机构开展绩效评价。即根据本合同约定的标准和评价周期，依据相关法律法规和绩效评价标准，选用简便有效的绩效评价方法开展绩效评价。绩效评价程序包括：

（1）确定评价对象；

（2）下达评价通知；

（3）确定评价工作人员；

（4）制定评价工作方案；

（5）搜集评价相关资料；

（6）审查核实资料与现场考核；

（7）综合分析形成评价结论；

（8）完成评价报告；

（9）建立评价档案。

44.2.3 绩效评价实施机构在完成评价后15日内将绩效评价报告提交给政府方，绩效评价报告应包括以下主要内容：

（1）基本概况；

（2）绩效评价的组织实施情况；

（3）绩效评价指标体系、评价标准和评价方法；

（4）绩效目标的实现程度；

（5）存在问题及原因分析；

（6）评价结论及建议；

（7）其他需要说明的问题。

44.2.4 政府方在收到上述报告30日内进行审核。经政府方审核的绩效评价结果应公示，公示期应不少于30日。公示后有异议的，合同各方应协商解决，无法达成一致的，按照本合同第二十节【争议解决】相关约定执行。

44.2.5 绩效评价报告中指出运营缺陷的，项目公司应在接到政府方的书面通知后，在政府方要求的时间内进行整改。

44.2.6 整改后，绩效评价实施机构重新进行绩效评价。

44.3 绩效评价方法

44.3.1 绩效评价可采用定性和定量相结合的方法，具体评价方法由合同各方在专用条款中约定。

44.3.2　除专用条款另有约定外，绩效评价应根据评价周期内定期评价和不定期评价的结果以及两者所占权重确定绩效评价结果。

44.4　第三方原因影响绩效评价

因第三方原因影响绩效评价结果的，项目公司有权向政府方和绩效评价实施机构就有关事宜提出书面报告，政府方和绩效评价实施机构应当谨慎和及时处理。确属其他第三方原因的，且项目公司已为避免此种情形尽到最大努力的，则政府方和绩效评价实施机构应及时对绩效评价结果进行调整。

45. 评价结果的应用

合同各方应在专用条款中选择如下绩效评价结果的应用方式：

45.1　(A)除专用条款另有约定外，项目公司应在合同各方约定的期限内进行整改，整改后绩效评价得分低于合专用条款约定的最低分的，无权获得当年使用者付费数额，同时政府方有权按照专用条款约定提取项目公司提交的相应比例的履约担保。

(B) 除专用条款另有约定外，项目公司应在合同各方约定的期限内进行整改，整改后绩效评价得分低于专用条款约定的最低分的，无权获得当年可行性缺口补助数额和使用者付费数额，同时政府方有权按照专用条款约定提取项目公司提交的相应比例的履约担保。

45.2　连续出现绩效评价结果得分低于上述最低分的次数超过专用条款约定的，政府方有权解除本合同。

45.3　绩效评价不合格或经整改后仍然不合格的，违约金金额、比例、计算方式在专用条款约定。

第十一节　项 目 移 交

46. 一般约定

46.1　移交范围

46.1.1　除专用条款另有约定外，项目移交是指项目公司于移交日之前按照本合同约定移交范围向政府方指定机构无偿、完好地移交项目公司资产和转让相关权益的活动。移交的范围包括但不限于：

（1）项目及其附属设施；

（2）至少满足项目正常运营6个月所需要的设施、物品；

（3）与项目的建设、运营、管理和维护有关的文件、手册、图纸、资料和记录；

（4）与项目有关的所有未到期的担保、保证和保险以及其他合同的利益；

（5）与项目运营和养护有关的所有技术和知识产权，项目有关管理信息系统权限和全部数据；

（6）所有与项目及其资产有关的项目公司的其他权利和利益；

（7）专用条款约定的其他移交事项。

46.1.2　项目公司应编制本项目设施及资产清单，形成书面交付文件；在本项目运营期届满后将本项目设施、资产及上述书面文件交付给政府方，由政府方实施控制、使用及管理。

46.1.3　项目公司应在项目运营期届满后一个月内，按照项目所在省有关档案管理的规定，编制工程档案，并将档案、全套施工、交工图纸，验收记录，交工验收报告以及其他与项目有关的其他技术文件或资料、合同原件交付给政府方。

46.2　移交期限

46.2.1　本合同所指移交日是指合同各方在专用条款中约定的日期，移交日不得晚于运营期届满日，移交日后，项目公司应当尽到最大保障义务维持本项目正常运营，且不受到移交的影响，并确保项目安全、平稳运营至运营期届满。

46.2.2　本项目包括多个子项目的，或项目分期运营的，按照专用条款约定确定移交日。

46.3　移交方式

项目公司应以股权转让或经营权转让方式向政府方移交本项目，相关事项在专用条款中约定。

46.4　移交标准和要求

46.4.1　适用于本项目的移交标准和要求，由合同各方在专用条款中约定。

46.4.2　因法律变更或客观条件发生重大变化，需要变更移交标准和要求的，项目公司应向政府方提出变更方案，移交变更方案应包括变更的原因、范围等内容，经政府方批准后执行，由此增加的费用由政府方承担。

46.4.3　在运营期届满至少 6 个月前，政府方与项目公司联合聘请具有相应资质的中介机构对项目的技术状况进行检测并经公路工程质量监督机构认定。经检测，服务水平应达到本合同的约定并且符合核定的技术等级和标准，项目公司方可按照有关规定向政府方办理项目移交手续；服务水平未达到本合同的约定或者不符合核定的技术等级和标准的，项目公司应当在政府方确定的期限内进行养护维修直至达到要求。项目公司未在政府方确定的期限内完成养护工作或养护工作未达到标准的，政府方有权按本合同的约定扣除项目公司的违约金。在这种情况下，政府方可直接委托或通过招标形式选择施工单位对项目进行养护和维修，养护及维修的费用经结算后由项目公司负责承担。

46.4.4　政府方未能在运营期届满日前接管本项目的，项目公司收取车辆通行费的权利和对附属设施的收益权仍在运营期届满日终止，其后的项目收益权归政府方。

47. 各方移交义务

47.1　政府方移交义务

政府方应参与移交，按照移交清单和移交方案接收项目公司所移交的资产和相关权益，并履行相关接收义务，具体见专用条款约定。

47.2　项目公司移交义务

项目公司应当按以下要求完成移交：

（1）截至移交日，保证本项目符合移交标准和要求、处于良好的运营状况、无法律纠纷和瑕疵及专用条款约定的其他条件。

（2）确保向政府方或其指定机构移交的资产和权益在移交时未设有任何抵押、质押等权利限制或产权约束，亦不得存在任何种类和性质的索赔权。移交时，相关资产和权利存在抵押、质押或其他权利限制影响移交的，合同各方可在专用条款中约定处理办法。

（3）确保本项目相关土地及场地在移交日应不存在因项目公司建设、运营和维护本项目导致的或项目公司其他原因导致的环境污染。

（4）积极配合政府方完成移交工作，无偿协助办理项目公司名下的应移交资产、资料的过户变更登记手续及其他所有相关变更手续。

48. 移交准备

48.1　移交工作组

除专用条款另有约定外，本合同约定运营期届满前 12 个月为项目移交前过渡期，政府方和项目公司应成立移交工作组，专门协调移交工作，移交工作组由政府方和项目公司指定的授权代表组成，移交工作组的职责和工作程序由政府方和项目公司协商确定。

48.2 移交清单与移交方案

移交工作组负责在专用条款约定的时间内，按照本合同约定的移交范围、标准和要求确定移交清单，制定移交方案。移交方案包括应移交的资产、资料明细，双方委派的移交人员及移交程序等内容。

48.3 移交前准备工作

48.3.1 在合作期的最后5年内，涉及项目的对外投资、资产处置、资金调度等重大经营、财务决策应由政府方和项目公司双方共同商定。

48.3.2 在运营期届满至少12个月前，政府方应按《中华人民共和国审计法》等有关法律法规的规定对项目公司进行全面审计。

48.3.3 在运营期届满至少12个月前，政府方、项目公司应按合同规定联合检查项目的所有部分。

48.3.4 在运营期届满至少3个月前，项目公司应负责解除和清偿本项目中的任何债务、留置权、抵押、质押及其他请求权（政府方同意保留的除外），做好向政府方移交项目的必要准备。政府方不承担项目公司在本项目合作期内形成的任何债务、担保以及应向任何第三方负有的责任。

48.4 移交前的修复

项目公司应当按照运营维护计划完成对项目设施设备的保养、修复工作，满足本合同约定的移交要求。

48.5 准备备件

除专用条款另有约定外，项目公司应在移交日之前准备备件，备件包括消耗性备品备件、事故抢修的备品备件以及所有需要的零配件。备件的质量和标准应符合项目公司于交付设备时从设备制造厂商取得的备件相同的质量和标准并符合相同的技术规格要求。准备备件的内容、标准和其他事项见专用条款约定。

48.6 人员和人员培训

48.6.1 除专用条款另有约定外，运营期届满前6个月，项目公司应提交一份其届时聘用人员名单。名单应附每个职员的资格、职位、工资和福利等详细资料。项目公司在提交名单中应载明自移交日起可供政府方或其指定的机构聘用的人员。项目公司负责政府方或其指定的机构或部门不再聘用人员的解聘，安置等后续工作。

48.6.2 除专用条款另有约定外，在运营期届满前至少12个月，项目公司应向政府方报批一份详细的就项目的运营、养护和维修对政府方人员开展的培训计划。在运营期届满至少6个月前，项目公司应按照政府方批准的培训计划完成培训工作，并在运营期届满至少 3 个月内，项目公司应让政府方指定受训人员共同参与项目的运营养护和维修工作。项目公司应负责承担培训费用。

48.6.3 政府方和项目公司应联合对政府方的指定人员的培训结果进行检查，以确认其能正确运营、养护和维修项目。

49. 项目公司资产移交

49.1 移交时间

项目公司应在移交日前，按照移交方案将移交清单内的资产全部移交给政府方。项目公司不得因与政府方就本项目存在款项支付等任何争议而拒绝移交，否则，由此导致的项目运营损失均须由项目公司负责赔偿。

49.2 项目公司资产移交程序

除专用条款另有约定外，项目公司资产移交可按照以下程序进行：

49.2.1 项目公司移交程序包括：

（1）资产清查。

（2）登记造册。

（3）资产验收。

（4）实物资产移交。

（5）资产档案移交。

（6）签署资产移交确认书。

（7）与资产移交相关权属转移手续的办理。

49.2.2 移交资产不符合移交标准的，项目公司应在合理期限内对存有缺陷的资产予以维修或更换，以使资产达到移交标准，并承担相应费用。项目公司未及时进行维修或更换的，政府方有权根据通行的技术标准进行维修和更换，由此产生的费用由项目公司承担。

49.2.3 政府方和项目公司就某部分资产共同签署资产移交确认书即视为该等资产已自项目公司移交给政府方。除专用条款另有约定外，移交确认书签署日为资产移交日。

49.3 移交缺陷责任期及质量保证

除专用条款另有约定外，本合同约定运营期届满后 12 个月作为项目移交缺陷责任期，相关要求如下：

（1）缺陷责任期内，项目公司对公路项目及其附属设施的质量缺陷负有修复的义务，但因政府方指定的移交机构故意破坏或使用不当造成的损坏除外。

（2）项目应符合本合同的约定，处于良好的养护状态，政府方支出的养护费用水平与项目公司在合作期的最后 5 年所提供的运营和服务所需年均费用相一致。

（3）符合本合同所要求的所有安全和环境标准。

项目未达到本款要求，项目公司应按政府方要求自费修复。若项目公司不履行义务和责任，则政府方可直接委托或通过招标形式选择施工单位对项目进行养护和维修，养护及维修的费用经结算后直接从项目公司的运营期履约担保中扣除，不足部分由项目公司支付。

49.4 移走物品

49.4.1 运营期届满后，如政府方要求项目公司在规定的期限内拆除收费设施，项目公司应及时拆除，逾期不拆除的，政府方依法申请强制拆除，拆除费用由项目公司承担。

49.4.2 除本合同规定的资产和政府方通知予以保留的物品外，项目公司应在运营期届满后60日内自行移走留在公路用地范围内的其他物品和财产。如果项目公司未按时移走上述物品和财产，政府方在书面通知项目公司后，有权采取任何行动将上述物品和财产转移并储存到其他地方，搬移、运输和保管的费用由项目公司承担。项目公司移走的物品仅限于移交清单所列的运营期届满移交资产的设备、工具、设计图纸和技术资料或者其他运营期届满移交资产运营和维护的必需物品以外的物品。

49.4.3 项目公司应负责赔偿政府方为行使本条款下的权利而产生的任何费用或遭受的损失或对第三方承担的责任。

50. 权益转让

50.1 权益转让

项目公司应在移交日前，按照移交方案将移交清单内项目公司已签订合同、归属本项目的知识产权、本项目的担保及保险等权益全部移交给政府方。

50.2 项目公司已签订合同的转让

50.2.1 项目公司应在移交日前，将其与第三方已签订但未履行完毕的与项目有关的合同项下的所有权利义务转让给政府方或政府方指定机构，并负责取得合同相对方的同意。

50.2.2 项目公司已签订合同项下义务的继续履行、合同转让时间、转让程序见专用条款约定。

50.3 知识产权的转让和持续

50.3.1 项目公司应在移交日前将其拥有的或以许可方式从第三方取得的、与项目运营和维护相关的所有知识产权，包括但不限于技术和技术诀窍，无偿转让给政府方或其指定机构，或无偿许可政府方或其指定机构使用，并确保政府方或其指定机构不因使用知识产权而承担侵权责任。

50.3.2 移交时项目运营所需的知识产权许可使用期等已经届满或即将届满，项目公司应当负责许可展期，或配合政府方完成相关知识产权的许可展期。

50.3.3　知识产权的权利内容、转让时间、持续持有、转让程序等相关事项见专用条款约定。

50.4　担保及保险的转让

除专用条款另有约定外，项目公司应于移交日之前将所有承包商、制造商和供应商提供的尚未期满的担保及保证，以及所有的保险单、暂保单和保险单批单等与运营期届满移交资产有关的其他担保、保证及保险凭证，全部无偿转让给政府方或其指定机构。

51. 移交费用

除专用条款另有约定外，政府方无需向项目公司支付关于移交和转让的费用。但政府方应自行承担法律规定应由其承担的费用，并自费获得所有完成项目移交需要获得的批复。

52. 移交及风险转移

52.1　移交效力

52.1.1　自移交日起，本项目移交清单内所有资产和相关权益转移至政府方或其指定机构。

52.1.2　合同各方在本合同项下未履行完毕的其他权利和义务应当继续履行。

52.2　移交风险转移

除专用条款另有约定外，项目公司承担移交日前项目全部或部分资产损失的风险，除非损失或损坏是由政府方或其指定机构或人员的过错所致。自移交日起，项目资产损失的风险由政府方或其指定的机构承担，项目公司对在本项目移交后项目管理中出现的任何问题，不再承担责任。

53. 项目提前终止时的移交

除专用条款另有约定外，合作期届满前项目提前终止，向政府方移交项目的，合同各方参照合作期届满时移交的相关约定确定项目移交方式、移交程序和移交要求。

54. 移交违约和处理

54.1　因项目公司原因未按照合同约定的时间和要求完成移交的，构成项目公司违约，违约金标准见专用条款约定。政府方将强制接管项目，由此增加的费用由项目公司承担，造成损失的，应承担赔偿责任。

54.2　因政府方原因未完成移交的，构成政府方违约，违约金标准见专用条款约定。项目公司应继续运营管理本项目，保证项目的正常运行，由此增加的费用由政府方承担，造成损失的，应承担赔偿责任。

第十二节　收入和回报

55. 项目运营收入和付费机制

55.1　运营收入和付费机制

合同各方在专用条款中具体约定项目运营收入和付费机制。

（A）项目运营收入和付费机制。

项目公司通过运营本项目取得项目收入和合理回报，包括使用者付费及其他经营收入。

（B）项目运营收入和付费机制。

项目公司通过运营本项目取得项目收入和合理回报，包括使用者付费、其他经营收入及可行性缺口补助。

55.2　使用者付费

55.2.1　除专用条款另有约定外，运营期内项目公司有权依法直接向使用者收取车辆通行费。

55.2.2　政府方通过清算分配中心等形式代项目公司向使用者收费的，政府方可依据专用条款约定的期限和方式向项目公司支付。

55.2.3　除专用条款另有约定外，项目公司应在运营期内的每一运营年度开始后30日内，向政府方提交上一年度经营收入情况报告及相关证明文件。

55.3　其他经营性收入

运营期内项目公司有权依据本合同取得其他经营性收入。除专用条款另有约定外，其他经营性收入包括服务区收入和经营开发收入，其中服务区收入主要来源于加油（气）站和便利店、洗车、修车、住宿、餐饮等收入；经营开发收入主要包括广告开发收入及其他相关开发收入。

55.4　可行性缺口补助

除专用条款另有约定外，可行性缺口补助按照以下约定执行：

55.4.1　运营期内，当使用者付费收入低于本合同约定的最低交通量需求所对应的收入时，政府方应按本合同约定，向项目公司提供补助或补贴。政府方承担全部或部分需求风险的，合同各方可在专用条款约定最低交通量需求的范围、确定方式、调整机制等。

55.4.2　政府方应支付的可行性缺口补助根据合同各方确认的项目建设投资、运营成本、合理利润、当期使用者付费金额及其他经营收入等因素确定，并根据当期绩效评价结果调整。可行性缺口补助的计算、调整方法由合同各方在专用条款中约定。

55. 4. 3　项目建设投资未经确认前需支付可行性缺口补助的，暂按填写在《合同协议书》【项目建设投资】中的金额计算相应收入与回报指标等事项，待确认后相应调整。

55. 4. 4　项目公司应在运营期内的每一运营年度开始后 30 日内，向政府方提交上一年度可行性缺口补助申请及相关证明文件。

55. 4. 5　政府方应在收到申请后 60 日内完成审计，并将审计结果通知项目公司，审计结果作为计算可行性缺口补助金额的依据。

55. 4. 6　政府方应在审计确认后 30 日内将经审计确认的上一年度可行性缺口补助按专用条款约定支付给项目公司。支付迟延的，由政府方承担相应的违约责任。

55. 5　超额收益

除专用条款另有约定外，超额收益按照以下约定执行：

55. 5. 1　运营期内，项目实际通行费收入高于专用条款约定的通行费收入预测值时，政府方与项目公司可对超额收益进行分配。超额收益分配的适用条件、计算方式、金额确认、分配方式见专用条款约定。

55. 5. 2　项目公司应在运营期内的每一运营年度开始后 30 日内，向政府方提交上一年度超额收益分配申请及相关证明文件。

55. 5. 3　政府方应在收到申请后 30 日内完成审计，并将审计结果通知项目公司，审计结果作为超额收益分配的依据。

55. 5. 4　政府方应在收到申请后 60 日内对超额收益按合同约定进行分配。

55. 6　税收及税收优惠

55. 6. 1　除专用条款另有约定外，项目公司取得的使用者付费、可行性缺口补助、其他经营性收入所产生的税费由项目公司依法承担。

55. 6. 2　合同各方可在专用条款中约定政府方给予项目公司税收优惠的方式。

55. 7　特殊项目收入

本项目包含特殊项目收入的，合同各方可在专用条款中约定与特殊项目收入有关的事项。

56. 服务收费价格及调整

56. 1　服务收费价格的确认

56. 1. 1　车辆通行费收费标准的确定和调整按项目所在地省级人民政府有关规定执行。未经批准，项目公司不得擅自调整车辆通行费标准，不得在车辆通行费收费标准之外加收或者代收任何费用。

56. 1. 2　项目公司修建与公路经营管理无关的设施，超标准、超规模修建的公路经营管理设施和服务设施，其费用不得作为确定收费标准的依据。

56. 1. 3　其他经营性收入的收费标准由项目公司根据市场或相关政府管理规定执行。

56.2 服务收费价格的调整

合作期内，合同各方应考虑项目所在地基准利率、平均工资、消费价格指数、项目运营成本构成等因素，依法建立服务收费价格标准调整机制，并在专用条款中约定服务价格调整条件、调整依据、调整方法、调整周期等具体事项。上述服务收费价格的调整需要报政府主管部门批准的，政府方应予以配合。

57. 财务监管

除专用条款另有约定外，财务监管按以下约定执行：

57.1 财务监管及审计

57.1.1 项目公司应建立健全财务管理制度，完善内控流程，严格执行财务管理规定，接受政府方的检查监督。

57.1.2 项目公司应在其经营场所保存所有账簿及其他与项目运营有关的财务记录。

57.1.3 政府方有权对项目公司财务状况进行审计，项目公司应积极协助配合审计、评审和监督，提供真实必要且完整的项目文件资料。

57.1.4 政府方有权聘请第三方中介机构对项目公司成本（包含建设成本、财务成本、运营养护成本、经营成本、管理成本等）进行监管和核算，并对项目公司的经营状况进行评估。

57.2 年度及专项报告

57.2.1 除专用条款另有约定外，项目公司应定期向政府方报告项目财务情况，报告机制包括月度报告、季度报告、年度报告、5 年期报告等。

57.2.2 除专用条款另有约定外，项目公司应在每年 5 月 30 日前，提交上一年度按中国会计准则和制度编制的经独立于社会资本方和项目公司的有资格的会计师事务所审计的年度财务报表。

57.2.3 政府方为监督项目公司遵守法律规定和本合同约定，可要求项目公司提交与财务状况相关的其他资料。

57.3 专用账户的设置及监管

除专用条款另有约定外，项目公司在设立后 30 日内，在本项目所在地的一家或多家商业银行开设资金监管账户，实行专户管理。政府方有权对项目公司专用账户进行监管。

58. 违约事项及其处理

58.1 政府方未按期向项目公司支付可行性缺口补助及其他费用的，应按专用条款约定向项目公司支付违约金。

58.2 政府方未按合同约定调整运营收费标准的，由此造成的项目公司损失由政府方承担，并按照专用条款中约定向项目公司支付违约金。

58.3　项目公司未及时提供或提供的财务报告或其他资料不真实准确，存在弄虚作假，伪造、瞒报项目实际收入或虚增项目成本等行为，给政府方造成损失的，政府方有权要求项目公司返还不当得利，并赔偿政府方损失，同时应按专用条款约定承担违约责任。

58.4　项目公司为政府方的成本监管和审计工作设置障碍，或拒绝向政府方提供相应的财务报告或其他资料，应按专用条款约定承担违约责任。

第十三节　合 同 变 更

合同变更是指引起合同内容变化的情形，本合同第八节【工程建设】及第十四节【权利义务转让】已有约定的，遵从其约定。

59. 一般约定

合同变更应遵守以下原则：

（1）合同变更影响项目总投资或运营成本的，应按照成本加合理利润原则计算。

（2）合同各方应以尽量减少损失、提高效率和控制项目总投资或运营成本的原则实施变更。

（3）合同变更应遵守的其他原则由合同各方在专用条款约定。

60. 合同变更程序

60.1　合同变更的提出

60.1.1　除专用条款另有约定外，政府方提出变更的，项目公司应在收到书面变更通知后30日内，将变更对项目投资、融资、建设、运营、收入回报等方面影响及处理方案书面报政府方审核。

60.1.2　除专用条款另有约定外，项目公司提出变更的，应将变更初步方案报政府方征求意见，并在政府方同意变更后30日内将变更对项目投资、融资、建设、运营、收入回报等方面影响及处理方案书面报政府方审核。

60.2　合同变更的确认

60.2.1　除专用条款另有约定外，政府方应在收到项目公司提交的合同变更书面报告后30日内完成审批，经政府方审批同意的变更方可执行。政府方审批后需要修改的，项目公司应当在收到回复后30日内完成修改并重新提交。

60.2.2　合同各方应根据政府方审批同意的合同变更内容签署书面的合同变更文件。

60.3　与合同变更有关的其他事项由合同各方在专用条款中约定。

第十四节　权利义务转让

本节所指权利义务转让是指除本合同第五节【项目公司】中项目公司股权转让之外情形下的政府方或项目公司权利义务的概括转让，以及政府方和项目公司权利义务的部分转让。

61. 政府方权利义务概括转让

政府方权利义务的概括转让是指合作期届满前政府方退出合作，将政府方在本合同项下全部权利义务转让给受让方。除专用条款另有约定外，政府方权利义务概括转让按以下约定执行：

61.1　获得批准并通知

61.1.1　政府方转让本合同项下全部权利义务的，应依法经有审批权的主管机构批准，并应在转让前 30 日内通知项目公司。

61.1.2　项目公司对政府方概括转让本合同项下权利义务有异议的，应依法提出，并将书面异议提交政府方。

61.2　签订三方协议并公示

政府方、项目公司与受让方就转让事项协商一致的，应签署三方协议，并就转让依法进行公示。除三方协议另有约定外，受让方应承继原政府方在本合同项下的相关权利义务，同时项目公司在本合同项下的权利义务不变。

62. 项目公司权利义务概括转让

项目公司权利义务的概括转让是指合作期限届满前项目公司将本合同项下全部权利义务转让给受让方。

62.1　项目公司权利义务转让引起社会资本方持有项目公司股权转让的，按照本合同第五节【项目公司】中项目公司股权转让约定执行。

62.2　除专用条款另有约定外，项目公司权利义务转让按照以下约定执行：

62.2.1　编制转让方案并获得批准

项目公司转让权利义务的，应事先经政府方同意，政府方同意转让的，项目公司应编制转让方案，明确转让内容、转让方式、受让方资格条件、拟转让权利义务的评估、转让价格及支付方式、转让计划等内容，报政府方审批。政府方应在收到转让方案后 30 日内予以批复，政府方同意转让的，项目公司方可依法进行转让。

62.2.2　签订三方协议并公示

项目公司、政府方与受让方应签署三方协议，并依法进行公示。除三方协议另有约定外，政府方和项目公司在本合同项下的权利义务不变。

62.3 因项目公司权利义务转让，致使与本项目有关其他合同主体变更的，项目公司应完成相关合同主体的变更手续，并确保相关合同的变更不影响本合同的实现，具体事项由合同各方在专用条款中约定。

63. 权利义务部分转让

政府方或项目公司转让本合同项下部分权利或义务的，按照本合同第十三节【合同变更】相关约定执行。

64. 转让限制

64.1 在项目竣工验收合格之前，项目公司不得转让本项目的特许经营权，或者改变项目公司内部的股权比例。

64.2 在项目竣工验收合格之后，未经政府方同意，项目公司亦不能转让本合同或本合同项下任何权利或义务，或其任何资产，或者改变项目公司内部的股权比例。

64.3 项目公路权益的转让条件、转让程序、转让收入使用管理、权益转让后续管理及收回等必须遵守《收费公路管理条例》和交通运输部《收费公路权益转让办法》的相关规定。转让项目公路收费权，不得延长收费期限，且不得以此为由提高车辆通行费标准。

64.4 项目公司依据《中华人民共和国担保法》等法律及法规的规定，并在向政府方办理收益权质押登记手续后，有权质押项目收费权，有权质押、转让、租赁本项目的其他经营项目的收益权，但时限不得超过运营期。质押、转让、租赁本合同项下的权益获得的银行贷款必须全部用于本项目，不得挤占、挪用、截留或抽逃；非因本项目建设和经营需要，项目公司不得以本合同项下的权益设定质押。项目公司不得对外提供担保，包括为其股东债务提供任何形式的担保，不得承担其股东的债务。

64.5 未经政府方同意，项目公司不得将其在本项目项下享有的全部或部分资产和权益进行出租、抵押、质押和转让等。

64.6 本合同其他条款对转让有限制约定的，依照相关约定执行。

65. 转让违约及处理

合同各方未按本合同约定进行转让的，守约方应书面通知违约方按照专用条款约定的宽限期予以改正，违约方在宽限期内仍未改正的，守约方有权解除本合同，并要求违约方按专用条款约定承担相应违约责任。

第十五节　担保、保险和保障

66. 担保

66.1　项目公司建设期履约担保

66.1.1　项目公司注册登记后 30 日内，并在签订本合同之前，项目公司应向政府方提交建设期履约担保，担保金额见专用条款。

66.1.2　项目公司可任选下列一种履约担保的形式：现金（电汇或银行汇票形式）或银行保函。

66.1.3　若采用银行保函，则应由专用条款约定的银行开具，并使用招标文件提供的格式或政府方批准的其他格式。

66.1.4　建设期履约担保将按工程进度分批退还给项目公司。除专用条款另有约定外，项目征地拆迁工作完成且项目公司已足额支付或发放与征地拆迁有关的一切费用，政府方应将建设期履约担保的 30% 退还给项目公司；项目公司足额支付给政府方前期费用后，政府方应将建设期履约担保的 10% 退还给项目公司；项目开工后，政府方应根据项目公司每年完成的工程量以固定比例退还建设期履约担保（即每完成项目总工程量的 1%，退还建设期履约担保的 0.5%）；政府方在收到项目公司交纳的首期运营期履约担保后 30 日内应将建设期履约担保的剩余部分退还给项目公司。

66.1.5　为取得建设期履约担保所需的费用，由项目公司自行负责。

66.1.6　建设期履约担保由于项目公司违约而被政府方扣除的金额，项目公司应在该事项发生之后 15 日内补足。

66.1.7　在保证建设期履约担保额度满足本合同规定金额的情况下，项目公司可以选择多次担保的方式提交建设期履约担保，下次履约担保应在上次担保期限届满 1 个月前开具。

66.2　项目公司运营期履约担保

66.2.1　自竣工验收鉴定书签发后次年起，项目公司应在每年 2 月 1 日之前向政府方交纳专用条款规定的金额作为项目公司在运营期的履约担保，直至累计金额达到专用条款规定的运营期履约担保限额为止。如政府方因项目公司违约而从运营期履约担保中扣除违约金，使履约担保总额少于运营期履约担保限额的，则政府方有权继续从项目公司的运营收入中扣除履约担保，以保证履约担保总金额维持在运营期履约担保限额。在合作期届满 12 个月后，并在项目公司履行了本合同规定的各项义务之后，政府方应在 30 日内将运营期履约担保退还给项目公司。

66.2.2　项目公司可提交同等额度的银行保函代替现金形式的运营期履约担保。银行保函应由专用条款约定的银行开具，并使用政府方提供的无条件保函格式。

66.2.3　为取得运营期履约担保所需的费用，由项目公司自行负责。

67. 保险

67.1　项目公司应按照专用条款约定的保险险种、责任范围、保险金额、保险期间、被保险人进行投保，并在保险期内确保其购买的保险持续有效。项目公司按照专用条款的约定投保。

67.2　除专用条款另有约定外，项目公司承担购买专用条款约定的保险所产生的费用。

67.3　理赔事件发生的，政府方应尽合理努力，为项目公司提供及时和必要的帮助与支持，协助其获得理赔，包括但不限于协助办理相关手续、开具相关证明文件等。

67.4　项目公司没有购买或维持合同约定的某项保险，政府方应通知项目公司积极履行前述义务，项目公司不履行的，政府方有权替代投保该项保险，并要求项目公司偿还该项保费或从相关担保中扣抵其所支付的保费。

68. 保障

68.1　政府方提供的担保和保障措施由合同各方在专用条款中约定。

68.2　合同各方可在专用条款中约定其他保障方式。

第十六节　不 可 抗 力

69. 不可抗力的定义和情形

69.1　不可抗力是指合同各方不能预见、不能避免且不能克服的客观情况，包括但不限于：

（1）雷电、地震、火山爆发、滑坡、泥石流、暴雨（雪）、水灾、海啸、台风、龙卷风、天文潮、风暴潮、旱灾等自然灾害。

（2）流行病、瘟疫、化学或放射性污染、核辐射污染。

（3）战争行为、武装冲突、外敌入侵、封锁、戒严或军事力量的动用、暴乱或恐怖行为。

（4）全国性、地区性、城市性或行业性罢工，但项目公司或承包人的人员骚乱或罢工除外。

（5）考古或文物保护等。

（6）合同各方在专用条款中约定的其他情形。

69.2　适用于政府方的例外

政府方无权将任何下述情况视作不可抗力事件而中止履行本合同或作为其不履行本合同项下义务的理由：

（1）政府对项目的征用、征收、没收或国有化；

（2）法律变更；

（3）政府的封锁、禁运、进口限制、配额或配给。

69.3　适用于项目公司的例外

项目公司无权将任何下述情况视作不可抗力事件而中止履行本合同或作为其不履行本合同项下义务的理由：

（1）由于项目公司的过失而引起的对任何批复的撤销；

（2）委托的建设、运营管理单位、承包人或任何分包人的疏忽、违约或责任；

（3）材料、设备、机械或部件的任何潜在的缺陷、故障或正常损坏，或由于其交付的延误；

（4）与项目公司签署融资协议的一方不能及时提供融资；

（5）纯属项目公司原因导致的罢工。

69.4　为尽量减少不可抗力事件导致的项目损失，项目公司应通过保险来积极防范和转移此类风险。

70. 不可抗力事件的认定和评估

70.1 不可抗力事件由声明受到影响的一方提供与不可抗力事件及索赔有关的证明材料，合同其他方对不可抗力事件是否发生作出认定。

70.2 不可抗力事件确实发生的，合同各方将共同委托具有相应资格和能力的评估机构，评估不可抗力事件对合同履行产生的影响。

70.3 合同各方可在专用条款中约定其他认定和评估等事项。

71. 不可抗力的通知

除专用条款另有约定外，声明受到不可抗力影响的一方应在不可抗力发生后24小时内，以书面形式通知合同其他方。该通知应详细说明不可抗力的性质、开始的日期、预计持续时间以及对履行本合同下的义务所造成的影响，并在其他方要求时提供相关证明，证明包括公证、政府部门证明等。

72. 不可抗力事件的处理

72.1 合同各方因不可抗力事件影响无法履行本合同项下义务的，有权中止或终止履行相关义务，不视为违约，不应承担违约责任。声明受到不可抗力影响的一方只有在签订本合同时不能合理预见这种情况，或尽管采取了一切努力，仍无法避免或克服这种情况时，才可按前述规定中止履行本合同。

72.2 受不可抗力事件影响的一方应采取合理的措施以缓解不可抗力的影响。除专用条款另有约定外，合同各方应各自承担应对不可抗力产生的费用和损失。

72.3 因发生不可抗力事件发生维修、检修、更新、更换等恢复工作的，项目公司应及时向政府方提交工作方案，方案中应包括措施、进度、费用及计算依据等内容。

72.4 除专用条款另有约定外，不可抗力事件妨碍或阻止本合同履行的，自此种不可抗力事件发生之日起超过180日的，合同各方应协商决定继续履行本合同或解除本合同。

72.5 合同一方迟延履行，在迟延履行期间发生不可抗力的，不免除其责任。

第十七节 特别事件和介入权

73. 特别事件的情形

特别事件是指出现紧急情况、危机事件或项目公司重大违约等情形，该情形可能导致本合同项下公共利益或公共安全受到严重损害或导致本合同目的不能实现的事件，包括以下情形：

（1）存在危及社会公众人身健康或安全、财产安全或环境安全的情形且项目公司不具备应对能力的；

（2）发生紧急情况或危机，且政府方有理由认为该紧急情况或危机将导致人员伤亡、严重财产损失或造成环境污染且项目公司不具备应对能力的，将影响项目正常实施的；

（3）项目公司严重违约，且在本合同约定期限内，或本合同未明确约定期限的情况下，在政府方书面要求的期限内，未能或无法纠正和改正，且危及或可能危及公共利益、公共安全或安全运营的；

（4）专用条款中约定的其他情形。

74. 特别事件中各方权利

74.1 政府方的权利

74.1.1 行使介入权

介入权是指合作期内发生特别事件的，政府方或政府方指定第三方有权介入，采用增加监管方式、监管频次、替代部分履行、整顿或接管等方式，以保证本项目顺利运行。政府方介入仍无法补救和恢复至适当履行的，政府方有权按本合同第十八节【合同解除和终止】执行。

74.1.2 介入权的限制

政府方以特别事件为名，无正当理由行使介入权，影响本合同正常履行损害项目公司利益的，项目公司有权要求政府方赔偿相应损失并获得补偿。具体损失和补偿的计算方式和标准见专用条款约定。

74.2 项目公司的权利

项目公司认为政府方行使介入权影响其权益的，有权提出异议。

75. 介入权的行使程序

75.1 通知

政府方根据本合同约定行使介入权之前，应提前 30 日通知项目公司，通知内容包括：

（1）介入原因；

（2）介入方式；

（3）介入的范围和程度；

（4）介入权行使主体；

（5）介入起始日期；

（6）介入持续期限；

（7）介入对项目公司的影响和处理；

（8）项目公司协助配合的内容。

75.2 项目公司的异议

项目公司对政府方行使介入权有异议的，应自收到政府方发出的前述通知后30日内提出异议，政府方收到异议后，应在30日内给予回复。合同各方无法达成一致意见的，按照本合同第二十节【争议解决】相关约定处理，但争议解决期间不影响政府方行使介入权。

75.3 介入

75.3.1 政府方应按照通知中载明的方式、范围和程度等采取介入行为，项目公司应给予必要的协助配合。

75.3.2 政府方的介入并不必然导致本合同中止、解除或转让。

75.4 介入持续时间和范围

75.4.1 介入范围不应超过足以使项目公司改正或可以合理地被期望有能力改正导致介入的违约事件，或解除紧急事件或使项目公司具备应对能力解除紧急事件所必需的范围和程度。

75.4.2 政府方根据本合同第73条第（1）、（2）项约定采取介入行动的，将一直并仅应持续到紧急事件解除或项目公司被认为已具备应对能力解除紧急事件为止，以较早发生的时间为准。

75.4.3 政府方根据本合同第73条第（3）项约定介入的，将一直并仅应持续到项目公司改正或可以合理地被期望有能力改正导致介入的违约事件，以较早发生的时间为准。

75.5 介入期间的费用和收入

75.5.1 除专用条款另有约定外，政府方应在停止介入后30日内将介入过程中发生的费用明细交给项目公司。

75.5.2 政府方根据本合同第73条第（1）、（2）项约定进行的介入，政府方应承担由此引发的所有费用，介入期间的运营收入，应归项目公司所有。

75.5.3 政府方根据本合同第73条第（3）项约定进行的介入，项目公司应承担因政府方介入所引发的所有费用，介入期间的运营收入，应归项目公司所有。

75.5.4　对于可行性缺口补助项目，政府方仍应按照合同约定就不受介入影响部分支付可行性缺口补助。

第十八节　合同解除和终止

76. 合同终止

76.1　合作期内出现下列情形之一的，本合同终止：

（1）合作期届满；

（2）合同各方协商解除本合同；

（3）项目提前终止导致本合同解除；

（4）本节约定的合同解除条件成就导致的本合同终止；

（5）因政策变化、客观条件变化或不可抗力发生导致合同目的不能实现导致的本合同终止；

（6）法律或专用条款约定的其他情形。

76.2　除本合同约定的合同解除后清算、移交事项外，合同各方可在专用条款中约定其他终止情形下的清算移交等事项。

77. 合同解除的条件和程序

77.1　合同解除的条件

77.1.1　除法律规定和本合同另有约定外，任何一方不得擅自解除本合同。

77.1.2　本合同任何一方违反合同约定，不履行或不完全履行本合同义务的，在守约方发出合同解除意向通知后的宽限期内仍未整改或达到本合同约定的标准和要求，导致本合同目的不能实现的，守约方有权解除本合同。

77.2　合同解除的一般程序

除专用条款另有约定外，本合同的解除按以下约定执行：

77.2.1　合同解除意向通知

出现本合同约定的合同解除情形，且一方拟解除本合同的，拟解除方应向本合同其他方发出书面解除意向通知，并载明解除的理由及相关事项。

77.2.2　整改宽限期

（1）拟解除方同意给予整改宽限期的，应当在专用条款约定宽限期的期限。解除意向通知书发出之后15日内，被解除方应采取避免本合同解除的适当措施，并应在专用条款约定的整改宽限期内完成整改，整改宽限期自被解除方收到解除意向通知之日起计算。

（2）合同各方就整改达成一致，或被解除方在整改宽限期或拟解除方同意的其他时间内纠正违约行为的，经各方协商一致后继续履行本合同。

77.2.3　正式解除通知

整改宽限期届满后，导致发出合同解除意向通知的违约事件未得到纠正，或合同各方未能就变更本合同相关事宜达成一致的，则拟解除方可以向被解除方发出书面的正式解除通知，本合同自正式解除通知送达被解除方之日起解除。

78. 合同解除后的清算

78.1　因政府方违约导致合同解除的清算

合作期内，因政府方原因导致本合同提前解除的，政府方除按照用条款约定的方式、标准及程序支付违约金外，还应向项目公司支付补偿金，具体的补偿金额可由合同各方共同委托具有相应资质的评估机构，并根据项目公司已经投入的资金、剩余的合作期及项目现状进行评估，补偿金额应不低于评估价格和项目公司的合理收益。项目公司存在过错的，按照过错程度承担相应责任。

78.2　因项目公司违约导致合同解除的清算

合作期内，因项目公司原因导致本合同提前解除的，项目公司除按照专用条款约定支付违约金外，项目公司还应赔偿政府方损失，且政府方有权折价收购项目资产权益，收购价格可由合同各方共同委托具有相应资质的评估机构根据项目公司已经投入的资金、剩余的合作期及项目现状进行评估，收购价格不高于评估价格。具体收购方式、标准及程序见专用条款约定。因项目公司违反本合同约定而导致政府方解除合同的，政府方将在本合同解除之日无条件、无偿接管项目与相关资料等，有权无偿使用或许可与项目建设有关的第三人无偿使用与项目有关的知识产权，继续组织投资建设或经营。

78.3　因不可抗力导致合同解除的清算

（1）合作期内，因不可抗力原因导致本合同提前解除的，政府方收回项目与相关资料等，并给予项目公司适当补偿，补偿数额可由合同各方共同委托具有相应资质的评估机构对项目已形成的固定资产确认的资产评估额为依据。

项目已形成的固定资产是指在项目土地使用区域范围内的公路及公路附属设施。

（2）因不可抗力造成的政府方可得利益损失，由政府方承担；因不可抗力造成的项目公司投资额与资产评估额的差额损失以及投资回报的损失，由项目公司承担。

79. 合同解除后的移交

除专用条款另有约定外，本合同解除后，合同各方应参照本合同第十一节【项目移交】约定的移交程序完成移交，且应遵守下列规定：

（1）项目公司应当将与本项目有关的全部资料包括但不限于勘察设计文件、前期工作报告、项目收费权质押登记文件、财务凭证等移交政府方。

（2）项目公司应自本合同终止之日起30日内成立清算组，依法履行清算职责。

（3）项目公司应采取各项有效措施解除附着在项目固定资产上的或依托在项目上的任何种类或性质的债务、担保物权等第三人权利。

（4）在政府方接管权利前以项目公司名义所发生的一切债权、债务由项目公司承担。

（5）政府方接管权利前项目公司对外签订的一切合同，对政府方无约束力，但原施工、监理、勘察设计、养护单位要求继续履行合同的，政府方有权与之协商一致后对原合同有关条款予以变更，变更后的施工、监理、勘察设计、材料供应、养护等合同继续履行。对原合同有关条款的变更不能达成一致的，政府方有权要求其退场，因此发生的一切后果由项目公司承担。

（6）合同终止后，政府方有权依法收回项目建设用地。

80. 合同解除后的其他约定

80.1 本合同解除后，各方在本合同项下权利和义务终止，但到期应付的款项除外。

80.2 合同各方未按本合同约定的合同解除程序行使解除权给其他方造成损失的，应当予以赔偿。

80.3 本合同解除不影响涉及本合同的争议解决条款效力。

80.4 合同各方可对合同解除后的其他事宜在专用条款中进行约定。

第十九节 违约处理和赔偿

81. 一般约定

81.1 违约行为认定

任何一方不履行本合同项下义务或履行义务不符合约定，且不存在法律规定或合同约定免责事由的，均构成违约。

81.2 违约处理原则

81.2.1 任何一方发生违约行为而使守约方遭受任何损害、损失、增加支出或承担额外责任，守约方有权要求违约方承担赔偿责任，但上述赔偿不应超过违约方在签订本合同时预见或应当预见的损害、损失、支出或责任。

81.2.2 守约方必须采取合理措施最大程度地减轻或减少因违约方违反本合同引起的损失，并有权从违约方获得为减轻、减少损失而发生的任何合理费用。

81.3 违约通知

（1）除专用条款另有约定外，任何一方违约时，守约方有权向违约方发出书面改正通知，要求违约方在收到通知后 30 日改正其违约行为。

（2）违约方未在被告知的改正期内改正违约行为的，守约方有权依据本合同的约定要求违约方承担违约责任。

81.4 违约适用

本节条款为本合同通用性违约处理和赔偿条款，在其他章节已约定相应违约处理和赔偿条款的，优先适用其他章节约定。

82. 违约处理

任何一方不履行本合同约定的义务，守约方可视违约方违约的程度行使下列全部或部分权利：

（1）要求违约方在指定期限内改正违约行为。

（2）按专用条款约定支付违约金。

（3）违约金不足以弥补损失的，要求违约方继续赔偿损失。

（4）违约方支付违约金且赔偿损失后，要求违约方继续履行本合同或按照本合同约定解除合同。

（5）按照上款约定承担民事责任后，不影响其依法承担行政责任和刑事责任。

83. 赔偿范围和标准

83.1 政府方的赔偿范围和标准

83.1.1 政府方的行政行为对项目公司财产权或其他权益造成侵害的，应根据法律规定对项目公司损失予以赔偿。

83.1.2 政府方违约行为对项目公司的财产权或其他权益造成损害的，应按照法律规定和专用条款约定，对项目公司损失予以赔偿。

83.2 项目公司的赔偿范围和标准

除本合同另有约定外，项目公司的违约行为对政府方的财产权或其他权益造成损害的，应按照专用条款约定赔偿政府方损失。

第二十节　争议解决

84. 行政争议

对政府方作出的与本合同有关的行政行为，项目公司认为侵犯其合法权益的，有权依法申请行政复议或向人民法院依法提起行政诉讼。

85. 民事争议

因本合同的订立、生效、变更、解除、履行和效力等产生的任何民事争议，合同各方有权依法申请仲裁或者向人民法院提起民事诉讼。

86. 民事争议的解决方式

86.1　友好协商

因本合同引起的或与本合同有关争议，应尽力通过友好协商方式解决。协商达成一致的，合同各方应当签订补充合同并遵照执行。

86.2　调解

86.2.1　合同各方可就争议自愿选择调解机构或其他第三方进行调解，合同各方可在专用条款约定调解方式、调解机构、调解机制和调解费用承担等事项。

86.2.2　经调解达成合同的，合同各方应遵照执行。

86.3　争议评审

合同各方约定采取争议评审方式解决争议的，适用本条约定。

合同各方应在专用条款中约定争议评审的具体事项，包括但不限于争议评审机构的选择与确定、争议评审规则、评审员报酬与机构费用承担等。

86.3.1　争议评审小组的确定

合同各方应在专用条款中选择以下一种方式确定争议评审小组：

（1）合同各方协商确定。选择一名争议评审员的，由合同各方共同商定。选择三名争议评审员的，由合同各方各自选定一名，第三名评审员为首席评审员，由合同各方共同确定。

（2）按照专用合同条款约定的其他方式确定。

86.3.2　争议评审的实施

合同各方可在本合同履行过程中随时将争议提请争议评审小组进行评审。争议评审小组应秉持客观、公正原则，充分听取合同各方的陈述、意见和答辩，依据相关法律、规范、标准、案例经验及商业惯例等，自收到争议评审申请报告后 30 日内作出书面决定，并说明依据和理由。合同各方可在专用合同条款约定与争议评审实施有关的其他事项。

86.3.3　争议评审小组决定的效力

争议评审小组作出的书面决定经各方签字确认后，对合同各方均具有约束力，合同各方应遵照执行。

任何一方不接受争议评审小组决定或不履行争议评审小组决定的，应提出书面异议，并有权选择其他争议解决方式，合同各方可在专用条款约定与争议评审决定有关的其他事项。

86.4　仲裁或诉讼

因本合同引起的或与本合同有关争议，合同各方可在专用条款中约定以下一种方式解决争议：

（1）向约定的仲裁委员会申请仲裁。

（2）向有管辖权的人民法院起诉。

87. 争议期间合同的履行

（1）本合同存续期间发生争议的，在对争议进行解决时，除涉及争议的条款外，本合同其余部分继续履行，拒不履行造成损害的应向对方承担赔偿责任；除法律规定或另有约定外，任何一方不得以发生争议为由，停止项目运营服务、停止项目运营支持服务或采取其他影响公共利益的措施；不能确定与争议是否有关的条款或其他条款，在必须履行时，双方均应继续履行。

（2）与本合同的成立、生效、效力以及解除有关的争议，无论是行政复议、友好协商、调解、争议评审期间，还是提请仲裁、诉讼期间，任何一方终止履行本合同的，不影响对方根据仲裁或诉讼裁决追究终止履行合同一方的民事责任。

第二十一节　其他约定

88. 知识产权

88.1　除专用条款另有约定外，由政府方向项目公司提供的资料，或主要以此为基础未经实质性创造形成的成果文件，包括但不限于文件、计算机程序和其他存储在任何媒介上的资料信息，知识产权应完全归政府方所有，项目公司不得为本项目之外事宜使用上述资料，且应在合作期届满后将上述资料返还给政府方。

88.2　由项目公司向政府方提供的资料，或主要以此为基础未经实质性创造形成的成果文件，包括但不限于文件、计算机程序和其他存储在任何媒介上的资料信息，合同各方应在专用条款中约定知识产权的归属和其他相关事宜。

88.3　本合同各方承诺所提供的资料，或主要以此为基础形成的资料和成果文件，不得侵犯第三方知识产权。

89. 保密和信息披露

89.1　保密

89.1.1　除专用条款另有约定外，保密信息指合同各方向其他方披露的，与本项目相关的所有技术、经营等书面、电子文档或其他形式的资料和信息。

89.1.2　合同各方应对本合同内容和本项目保密信息予以保密，未经对方同意，合同各方不得向合同方以外的任何单位或个人披露或者泄露本合同和本项目所包含或涉及的任何内容，但以下情形除外：

（1）向为本项目提供服务的职员、法律顾问的披露。

（2）依法向有权了解本合同的司法、行政机关的披露。

（3）为满足本合同的生效条件而向有关部门或人员进行的披露。

（4）为本项目融资需要向金融机构或其他资金提供方进行的披露。

（5）根据法律规定需要披露的其他情形。

89.1.3　合同各方互为保密信息的提供方和接受方，负有保密义务，承担保密责任。具体保密期限和保密责任见专用条款约定。

89.2　信息披露

合同各方有义务按照法律规定和本合同约定，向社会披露相关信息。

90. 廉政反腐和不弃权

90.1 廉政反腐

合同各方一致声明，反对行贿、受贿等违法行为，承诺不因本项目提供或接受任何非法利益或报酬。

（1）合同各方应恪守廉洁从政、廉洁从业和防范腐败的责任。

（2）合同各方的业务活动应坚持公开、公正、诚信、透明的原则（法律认定的商业秘密和本合同另有约定除外），不得损害国家、集体和公众利益，不得违反工程建设管理法律。

（3）政府方及其工作人员不得索要或接受项目公司的礼金、有价证券和贵重物品，不得参加项目公司安排的宴请和娱乐活动，不得让项目公司报销任何应由政府方或其工作人员个人支付的费用等。

（4）如果项目公司采用行贿、送礼或其他不正当手段企图影响或已经影响了政府方工作人员的行为，或欲获得或已获得超出合同规定以外的额外收入或利益，则政府方应按有关法纪严肃处理当事人，且项目公司应对其上述行为造成的工程损害、政府方的经济损失等承担一切责任，并予赔偿。情节严重者，政府方有权终止本合同。

90.2 不弃权

任何一方未坚持要求对方严格履行本合同中的任何条款，或未行使其在本合同中约定的任何权利，均不视为对任何条款的放弃或对今后行使任何权利的放弃。

91. 合作义务和通知

91.1 合作义务

合同各方应相互合作实现本合同目的，并应善意地行使和履行其在本合同项下的权利和义务。在此前提下，合同各方同意：

（1）合同一方要求取得另一方的同意或批准时，合同另一方无正当理由不得拒绝。

（2）合同履行期间，合同一方获悉或能够合理预见某一事件或情形的发生将对任何一方履行其本合同义务或实施项目的能力造成重大不利影响，且其他方不能获悉该事件或情形的，该方应尽快将该事件或情形通知其他方。

91.2 通知

91.2.1 除专用条款另有约定外，本合同所述的一方给另一方的书面通知，包括但不限于所有提及的文本、通知，一方可通过传真或快递邮件送至另一方。以传真或快递邮件送至另一方的，传真发出之日的次日或快递邮件送达之日为收悉之日。

91.2.2 所有书面通知应送至专用条款中约定的地址，相关信息发生变化的，合同各方有义务在变化次日书面通知对方。具体各方联系人、联系地址、联系方式等见专用条款约定。

92. 法律适用及法律变更

92.1 本合同的订立、生效、解释、履行、变更和争议的解决适用中华人民共和国法律、行政法规、地方性法规、规章、自治条例、单行条例、规范性文件及政策等。

92.2 法律变更是指在本合同生效后，法律、行政法规、地方性法规、规章、自治条例、单行条例、规范性文件及政策等发生变化的情形。

92.3 发生法律变更后，受到法律变更影响的一方应采取合理措施努力减少法律变更对本合同履行造成的影响。除专用条款另有约定外，双方按照以下原则处理：

（1）在发生法律变更导致项目公司不能全部或部分履行其本合同项下的义务或对其建设、经营产生实质性影响时，项目公司应对该影响或情况进行评估，并向政府方提交评估报告，列明该法律变更对项目公司在合作期内履行本合同项下义务所产生的影响。政府方应对该评估报告出具审核意见，该意见不得被不合理拒绝，如果拒绝则应提供合理理由并由政府方作出最终判断。经政府方审核同意后，项目公司可在法律变更对该项义务的履行产生影响的期间内根据政府方合理做出的审核意见中止或免除履行受法律变更影响而不能履行的相关义务，并执行审核意见中确定的其他内容。

（2）如果本级政府层面的法律变更导致项目建设投资、运营成本增加或减少，或项目公司收入降低或提高，政府方应负责弥补由此增加的成本或减少的收入，或者享有由此节余的成本或增收的收入。

（3）如果上级政府层面的法律变更导致项目建设投资、运营成本增加或减少，或项目公司收入降低或提高，政府方和项目公司共同负责弥补由此增加的成本或减少的收入，或者享有由此节余的成本或增收的收入，具体分担比例在专用条款中约定。

92.4 法律变更导致项目公司不能履行本合同项下主要义务或项目公司的部分或全部权利无法实现的，合同各方应就继续履行本合同进行协商，不能达成一致的，按本合同第二十节【争议解决】相关约定执行。

93. 本合同的优先性

本合同对双方之间关于项目的任何方面及全部合同关系均有效力。项目公司应保证其签订并履行其他项目合同将不导致其违反或不履行其在本合同项下的义务，一旦本合同与任何项目合同之间出现冲突，包括解释本合同中的全部问题，本合同应在双方之间优先于其他合同。

94. 补充条款

合同各方可就本项目投资、融资、建设、运营、移交等有关事项在专用条款中补充约定。

第三部分　专用条款

第一节　一般约定

1. 定义和解释

1.1　定义

1.1.43　本合同约定的其他定义包括：

（1）______________________________

（2）______________________________

……

1.2　语言文字

本合同适用的语言文字：______________________________

____

2. 合同背景和目的

2.1　合同背景

2.1.2　合同各方约定的其他合同背景：______________________________

____

2.2　合同目的

2.2.2　合同各方约定的其他合同目的：______________________________

____

3. 声明和保证

3.1　政府方的声明

（6）政府方其他声明：______________________________

____

3.2　项目公司的声明和保证

（6）项目公司的其他声明和保证：______________________________

____

5. 风险分担

5.2 关于风险分担的约定：____

____

5.3 关于最低需求风险承担的约定：____

5.4 最低需求风险分不同风险区间分层设置的，风险分担主体和分担条件约定为：__

____

第二节　合同相关方

6. 政府方

6.1　政府方基本情况

6.1.1　政府方名称：________________________________

政府方住所：________________________________

政府方法定代表人：________________________________

政府方负责人：________________________________

政府方其他基本信息：________________________________

____

实施机构代表政府方与项目公司签订本合同的，其权限范围见附件1：政府方对实施机构的授权文件。

6.2　政府方的基本权利

（11）政府方的其他基本权利：________________________________

____

6.3　政府方的基本义务

（10）政府方的其他基本义务：________________________________

____

7. 项目公司

7.1　项目公司基本权利

（8）项目公司其他基本权利：________________________________

____

7.2　项目公司基本义务

（21）项目公司其他基本义务：________________________________

____

第三节　合作关系

9. 合作内容和合作条件

9.1　授予特许经营权

关于特许经营权内容的约定：______________________________

____

9.2　合作内容

关于合作内容的约定：______________________________

____

9.3　合作条件

（1）许可和审批。

需要由政府方完成的许可和批复文件清单：______________________________

____

（2）政府方提供的资源和条件。

政府方提供本项目所需资源和条件的时间及内容：______________________________

____

（3）项目公司的提供资源和条件。

项目公司提供本项目所需资源和条件的时间及内容：______________________________

____

（4）合同各方约定的其他合作条件：______________________________

____

10. 合作期

10.1　合作期起始和终止

关于合作期相关事项的说明：______________________________

____

10.2　合作期顺延

（3）关于合作期顺延的其他约定：______________________________

____

11. 排他性约定

11.1　合同各方选择下列第__________种排他性约定：

（1）竞争性排他。

（2）唯一性排他。

（3）优先性排他。

11.2　合同各方约定的其他排他性条款：____

____

第四节　项目总投资与资产权属

12. 项目总投资

12.1　项目总投资构成

12.1.1　项目总投资构成见附件2：项目总投资构成表。

12.1.2　合同各方投资金额：______________________________

关于项目总投资其他事项约定：______________________________

____

12.2　投资计划

12.2.1　投资计划内容及要求：______________________________

____

12.2.2　关于政府方要求修改投资计划的相关约定：______________________________

____

12.2.3　关于因工程变更或其他合同变更事项导致投资计划需要调整的相关约定：

____

12.2.4　关于投资计划的其他事项约定：______________________________

____

13. 投资控制及监管

13.1　投资控制

13.1.2　（3）导致项目总投资增加的其他情形：______________________________

____

13.2　投资监管

13.2.2　（15）政府方对项目投资的监管包括的其他内容：______________________________

13.2.3　政府方选择下列第__________种投资监管方式：

（1）对项目公司设立资金专用账户的监管。

（2）对项目公司相关财务报表的监管。

（3）聘请第三方进行与项目投资有关的监管。

（4）通过过程审计以及引入金融机构参与资金管理等手段和方式加强监管。

（5）按合同约定选择和管理本项目监理单位和第三方试验检测单位。

14. 资产价值与权属

14.1 项目资产构成

本项目资产构成包括：____

____

14.2 项目资产与权属

在合作期内，本项目及其附属设施等各项有形及无形资产的所有权和处置权的约定：____

14.3 资产使用限制

关于项目资产使用限制的约定：____

____

第五节　项 目 公 司

15. 一般约定

15.1　项目公司增资扩股与减资

关于项目公司增资扩股与减资的约定：________________________________

____

15.2　项目公司破产解散与清算

关于项目公司破产解散与清算的约定：________________________________

____

15.3　政府方出资违约

15.3.1　政府方出资违约改正宽限期：________________________________

政府方出资违约的违约责任：________________________________

____

15.3.2　关于政府方出资违约造成项目建设进度延误，或相应费用增加的责任承担的约定：________________________________

16. 项目公司治理

16.1　项目公司股东会

16.1.2　股东会的职权

关于股东会职权的其他约定：________________________________

____

16.2　项目公司董事会

16.2.1　董事会构成

关于董事会构成的约定：________________________________

____

16.2.2　董事会的职权

关于董事会职权的其他约定：________________________________

关于董事会表决规则的约定：________________________________

____

16.3　特别表决事项

关于股东会与董事会的特别表决事项及表决程序的约定：________________

____

16.4　项目公司管理

关于项目公司管理规则的约定：______________________________

____

16.4.2　政府方委派财务管理代表的约定：______________________________

____

16.4.5　关于政府方及政府方出资代表参与项目公司经营管理的约定：__________

____

16.5　监事会的组成

16.5.1　监事会的构成

关于监事会构成的约定：______________________________

____

16.6　其他

关于项目公司治理的其他约定：______________________________

____

17. 股权转让与股权担保限制

17.2　建设期股权转让限制

关于建设期股权转让限制的约定：______________________________

____

17.3　运营期股权转让限制

17.3.1　关于运营期股权转让限制约定：______________________________

17.3.2　经政府方同意，运营期内社会资本方可以转让其在项目公司的全部或部分股权，须满足的条件：______________________________

____

17.4　项目公司股权担保限制

关于项目公司股权担保限制的约定：______________________________

____

18. 项目公司其他事项

18.2　社会资本方对项目公司的投资、融资、建设、运营、移交等方面的监督义务、监督方式的约定：______________________________

____

第六节　项目公司融资

19. 融资方案

19.1　一般约定

19.1.2　关于项目资本金筹集的方式、金额、比例的约定：______________________

____

19.1.4　关于增加项目资本金的约定：______________________

____

19.2　融资介入

关于融资介入的约定：______________________

关于融资介入的方式：______________________

____

19.3　融资计划与融资方案

19.3.1　关于融资方案的约定：______________________

____

19.3.2　项目公司连同融资计划向政府方提交调整融资方案申请的期限：__________

____

19.3.3　关于政府方对融资方案监督管理具体方式的约定：______________________

____

20. 融资交割和资金到位

20.1　融资交割和融资交割宽限期

20.1.1　项目公司完成融资交割的时间和要求：______________________

____

20.1.2　关于融资交割宽限期期限的约定：______________________

关于融资交割宽限期要求的约定：______________________

20.2　资金到位和融资宽限期

20.2.2　关于融资宽限期期限的约定：______________________

关于融资宽限期要求的约定：______________________

____

21. 政府方提供的融资支持

关于政府方提供融资支持的约定：______________________

22. 融资违约及处理

22. 1　关于项目公司融资违约责任：____

____

23. 再融资

23. 1　关于项目公司再融资的约定：____

____

23. 2　项目公司再融资的增信措施：____

项目公司再融资的相关合同权利义务安排：______________________________

因再融资增加的收益分配：____

关于再融资的其他事项的约定：____________________________________

____

第七节　前 期 工 作

24. 前期工作

24.1　前期工作内容

前期工作内容及现状：______________________________

____

24.2　项目公司对前期工作的认识

24.2.2　项目公司通知政府方的合理期限：______________________________

____

24.3　剩余前期工作

24.3.1　项目公司协助配合完成的剩余前期工作内容：______________________________

____

项目公司协助配合完成剩余前期工作的进度计划：______________________________

____

24.3.2　（4）政府方配合项目公司完成剩余前期工作的其他支持：______________

24.4　前期工作费用

政府方开展的前期工作费用合计金额为：______________________________

____

24.5　前期工作成果移交

24.5.1　政府方应当在本合同生效后__________日内，将前期工作成果移交给项目公司。

24.5.2　关于前期工作成果知识产权归属：______________________________

____

24.6　前期工作遗漏、缺陷或错误的处理

24.6.2　因前期工作存在遗漏、缺陷或错误导致项目延期的，建设期、运营期期限相应顺延，由此产生的费用和损失由政府方承担的约定：______________________________

____

25. 项目用地

25.1　项目用地取得

25.1.1　本项目用地的取得时间：______________________________

本项目用地的取得方式：______________________________

本项目用地具体范围：____

____

25. 1. 2　关于办理土地相关手续的约定：________________________________

____

25. 2（A）　征地、拆迁和安置（方式一：由政府方负责征地拆迁工作，费用由项目公司据实承担）

25. 2. 4　因政府方原因导致延迟提供项目用地的违约责任：______________________

____

25. 2（B）　征地、拆迁和安置（方式二：由政府方负责征地拆迁工作，费用由政府方包干使用）

25. 2. 1　本项目建设用地征地拆迁的有关费用合计金额为：______________________

____

25. 2. 4　因政府方原因导致延迟提供项目用地的违约责任：______________________

____

第八节　工 程 建 设

26. 一般约定

26.1　建设内容

建设内容：________________

26.2　建设期

关于多个子项目或项目分期建设的建设期的约定：________________

____

26.3　建设标准和要求

26.3.1　建设标准和要求：________________

____

26.3.2　本项目建设承包方式：________________

____

26.5　施工的有关要求

26.5.1　社会资本方自身具备法定的施工资质和能力，直接承担项目的工程施工任务的约定：________________

____

26.6　监理单位和第三方试验检测单位（如有）的选择与管理

26.6.1　政府方选择本项目的监理单位和第三方试验检测单位（如有）的约定：____

____

27. 建设义务

27.1　政府方提供的建设条件

（3）应当由政府方提供的其他建设条件：________________

____

27.2　政府方负责协调的事项

（3）应由政府方负责协调的其他事项：________________

____

28. 计划和延期

28.1　建设进度计划

28.1.1　关于建设进度计划的约定：________________

28.1.2　关于建设进度计划调整的约定：________________________________

____

28.2　开始建设

28.2.1　关于项目公司开始建设的日期和要求的约定：______________________

____

28.2.2　关于项目公司向政府方提交项目进度报告的约定：__________________

28.3　延期的提出与批准

28.3.1　（5）项目公司有权要求延长建设期及合作期的其他事件：______________

28.3.2　关于建设期延期处理的其他约定：______________________________

____

29. 工程变更

29.1　政府方提出的工程变更

29.1.2　关于政府方提出工程变更的约定：______________________________

____

（3）政府方提出的设计变更超过项目总投资概算______的，政府方应按照以下原则承担费用：____

____

29.2　合理化建议

29.2.2　项目公司可向政府方提交书面申请，对已经批复的设计文件提出合理化建议，经政府方同意后方可实施，由此导致建设投资变化的，政府方承担增加的费用或享有节约收益的约定：____

____

29.2.3　关于执行合理化建议的约定：__________________________________

____

31. 项目建设投资确认

31.1　项目建设投资的计价与确认

项目建设投资确认的原则：____________________________________

项目建设投资确认的依据：____________________________________

项目建设投资确认的期限：____________________________________

关于项目建设投资确认的其他约定：____________________________

____

31.2 过程确认

关于项目建设投资确认的方式、依据、期限的约定：________________

____

31.3 最终确认

项目建设投资最终确认方式：________________

项目建设投资最终确认依据：________________

项目建设投资最终确认期限：________________

项目建设投资最终确认审计有关事项：________________

____

31.4 项目建设投资确认结果的使用

关于项目建设投资确认结果的相关事项约定：________________

____

32. 建设期政府方监管

关于建设期政府方监管的约定：________________

____

33. 建设期违约及处理

33.1 政府方违约情形及处理

33.1.1 （3）政府方其他违约情形：________________

____

33.1.2 关于政府方违约责任：________________

____

33.2 项目公司违约情形及处理

33.2.1 （10）项目公司违约的其他情形：________________

____

33.2.2 关于项目公司违约责任：________________

____

第九节　运营和服务

34. 一般约定

34.1　运营维护范围

本项目运营维护范围：____

____

34.2　运营维护期限

多个子项目的，或试运营与正式运营分期进行的，运营期为：______________

____

34.3　运营维护标准和要求

34.3.1　运营养护目标、服务质量目标：________________________________

____

34.4　运营维护计划与运营维护手册

34.4.1　关于运营维护计划的约定：____________________________________

____

34.4.2　关于运营维护手册的相关事项的约定：__________________________

____

34.4.3　关于运营维护计划和运营维护手册修改的约定：__________________

____

35. 运营维护义务

35.1　政府方提供的条件

政府方应提供的条件：____

____

35.2　政府方的协调义务

（5）政府方协调的其他事项：______________________________________

____

35.8　路政管理

35.8.1　路政管理的工作内容

需要由项目公司承担相关费用的，合同约定为：________________________

____

36. 试运营和正式运营

36.1 试运营

36.1.1 关于试运营条件的约定：____________________

____

36.2 正式运营

关于正式运营条件的约定：____________________

____

36.3 运营缺陷

关于运营期存在运营缺陷的相关约定：____________________

____

37. 运营成本

37.1 运营成本构成

运营成本各项费用构成：____________________

____

37.2 运营成本的确认

37.2.2 运营成本确认原则：____________________

运营成本确认依据：____________________

运营成本确认期限：____________________

关于运营成本确认其他事项：____________________

____

37.3 确认程序

关于运营成本确认程序的约定：____________________

____

37.4 运营成本的应用

关于运营成本应用于收入回报计算的要求：____________________

____

关于运营成本应用于收入回报的计算方法：____________________

____

39. 更新改造和追加投资

39.2 关于更新改造和追加投资的约定：____________________

____

39.3 在项目车流量达到设计饱和交通量时，政府方有权要求项目公司对项目进行扩建，扩建标准、投资规模按扩建项目程序核准，扩建工程所需的资金筹措和建设实施均由项目公司负责，对项目公司补偿或调整收费期、收费标准的约定：____________

____

40. 运营期政府方监管

40.3 关于评估委托费用承担的约定：____________________________________

____

41. 运营期特别补偿

41.1 （2）关于处理方案的内容：____

（3）确认最终赔偿金额的时间和方式：______________________________

（4）关于运营期特别补偿的其他约定：______________________________

____

41.2 本合同基准日后，国家、省级人民政府或政府方出台新的统一的车辆免费通行或降低收费通行政策导致项目公司通行费收入减少，政府方将予以相应补偿，补偿的约定：____

____

42. 运营期违约和处理

42.2 因政府方原因导致未能按期开始运营的，构成政府方违约，项目公司有权要求政府方承担的违约责任包括：____

____

第十节　绩效评价

43. 绩效评价主体、范围与标准

43.1　绩效评价主体及义务

43.1.1　项目公司开展自评价的约定：____

____

43.1.3　绩效评价实施机构：____

绩效评价实施机构选择标准和方法：__________________________________

____

43.2　绩效评价范围和标准

43.2.4　绩效评价范围和标准：____

____

44. 绩效评价程序

44.1　评价周期

绩效评价频次：____

____

44.2　评价程序

关于绩效评价程序的约定：____

____

44.2.1　关于项目公司自评价程序的约定：__________________________________

____

44.3　绩效评价方法

44.3.1　关于绩效评价方法的约定：____

____

44.3.2　关于绩效评价结果的确定：____

____

45. 评价结果的应用

45.1　选择下列第____________项绩效评价结果的应用方式：

（A）整改后绩效评价结果应用的约定：____________________________________

整改后绩效评价得分最低分：____

政府方提取项目公司履约担保的比例：________________________________

____

（B）整改后绩效评价结果应用的约定：________________________________

整改后绩效评价得分最低分：________________________________

政府方提取项目公司履约担保的比例：________________________________

____

45. 2 关于连续绩效评价结果应用的约定：________________________________

____

45. 3 关于违约金金额、比例、计算方式的约定：________________________________

____

第十一节　项 目 移 交

46. 一般约定

46.1.1　关于项目公司移交范围的约定：________________________________

____

（7）其他移交事项：____

____

46.2　移交期限

46.2.1　移交日：____

____

46.2.2　包括多个子项目的，或项目分期运营的，移交日为：____________

____

46.3　移交方式

合同各方约定选择以下第______种方式进行移交：

（1）采用股权转让移交的，具体股权移交相关事项的约定：____________

（2）采用经营权移交的，具体移交相关事项约定：____________________

____

46.4　移交标准和要求

46.4.1　本项目移交标准和要求：____________________________________

____

47. 各方移交义务

47.1　政府方移交义务

关于政府方移交义务的约定：____

____

47.2　项目公司移交义务

47.2.1　移交日，项目应符合的其他条件：____________________________

____

47.2.2　移交时，相关资产和权利存在抵押、质押和其他权利限制影响移交的处理方法：____

____

48. 移交准备

48.1 移交工作组

关于移交工作组的约定：____

____

48.2 移交清单与移交方案

移交工作组确定移交清单，制定移交方案的期限：____________________

项目移交方案的内容：____

____

48.5 准备备件

准备备件的内容：____

准备备件的标准：____

准备备件其他事项约定：______________________________________

____

48.6 人员和人员培训

关于人员与人员培训事项的约定：______________________________

____

49. 项目公司资产移交

49.2 项目公司资产移交程序

49.2.1 项目公司资产移交程序的约定：__________________________

____

49.2.3 资产移交日：____

____

49.3 移交缺陷责任期及质量保证

关于移交缺陷责任期与质量保证的约定：________________________

____

50. 权益转让

50.2 项目公司已签订合同的转让

50.2.2 已签订合同继续履行：________________

已签订合同转让时间：________________

已签订合同转让程序：________________

____

50.3 知识产权的转让和持续

50.3.3 知识产权权利内容：________________

知识产权转让时间：________________

知识产权持续持有：________________

知识产权转让程序：________________

知识产权转让相关事项：________________

____

50.4 担保及保险的转让

项目公司担保与保险转让的相关约定：________________

____

51. 移交费用

移交费用构成：________________

移交费用计算依据：________________

移交费用承担比例：________________

____

52. 移交效力及风险转移

52.2 移交风险转移

关于移交风险转移的约定：________________

____

53. 项目提前终止时的移交

关于项目提前终止时移交的约定：________________

____

54. 移交违约和处理

54.1 项目公司因自身原因没有按照合同约定的时间和要求完成移交的，违约金标准：

____

54. 2　因政府方原因未完成移交构成政府方违约的，违约金标准：________________

____

第十二节　收入和回报

55. 项目运营收入和付费机制

55.1　运营收入和付费机制

关于项目运营收入和付费机制的约定：________________________________

____

55.2　使用者付费

55.2.1　关于向使用者收取使用费的约定：________________________________

____

55.2.2　政府方向项目公司支付使用者付费的期限和方式：____________________

____

55.2.3　关于项目公司向政府方提交经营收入报告及相关证明文件的约定：________

____

55.3　其他经营性收入

其他经营性收入的具体来源：____________________________________

其他经营性收入的实现方式：____________________________________

其他经营性收入的收入确认与分配：______________________________

____

55.4　可行性缺口补助

55.4.1　政府方承担的最低交通量需求的范围：__________________________

政府方承担的最低交通量需求的确定方式：__________________________

政府方承担的最低交通量需求的调整机制：__________________________

____

55.4.2　可行性缺口补助数额的具体计算和调整方法：______________________

____

55.4.3　关于项目建设投资未经确认前是否支付可行性缺口补助及相关约定：______

____

55.4.4　关于项目公司向政府方提交运营服务情况报告及相关证明文件的约定：______

____

55.5　超额收益

关于超额收益分配的约定：______________________________________

____

55.5.1　超额收益分配的适用条件：______________________

超额收益分配的计算方式：______________________

超额收益分配金额的确认：______________________

超额收益分配的分配方式：______________________

____

55.6　税收及税收优惠

55.6.1　关于项目公司税费承担主体的约定：______________________

____

55.6.2　关于政府方给予项目公司税收优惠的方式：______________________

____

55.7　特殊项目收入

关于特殊项目收入的约定：______________________

____

56. 服务收费价格及调整

56.2　服务收费价格的调整

服务收费价格调整条件：______________________

服务收费价格调整依据：______________________

服务收费价格调整方法：______________________

服务收费价格调整周期：______________________

服务收费价格调整其他事项：______________________

____

57. 财务监管

关于财务监管的约定：______________________

____

57.2　年度及专项报告

57.2.1　关于项目财务情况报告机制的约定：______________________

____

57.2.2　关于项目公司提交年度财务报表的约定：______________________

____

57.3　专用账户的设置及监管

关于专用账户的设置及监管的约定：______________________

____

58. 违约事项及其处理

58.1 政府方未按期向项目公司支付可行性缺口补助及其他费用的违约金：__________

____

58.2 政府方未按合同约定调整运营收费标准的违约金：____________________

____

58.3 项目公司未及时提供或提供的财务报告或其他资料不真实准确，存在弄虚作假，伪造、瞒报项目实际收入或虚增项目成本等行为的违约金：____________________

____

58.4 项目公司为政府方的成本监管和审计工作设置障碍，或拒绝向政府方提供相应的财务报告或其他资料的违约金：________________________________

____

第十三节　合同变更

59. 一般约定

合同变更应遵守以下原则：

（3）其他原则：____

____

60. 合同变更程序

60.1　合同变更的提出

60.1.1　关于政府方提出变更的约定：____

____

60.1.2　关于项目公司提出变更的约定：____

____

60.2　合同变更的确认

60.2.1　关于政府方对变更确认的约定：____

____

60.3　关于合同变更其他事项的约定：____

____

第十四节　权利义务转让

61. 政府方权利义务概括转让

关于政府方权利义务转让的约定：________________________________

____

62. 项目公司权利义务概括转让

关于项目公司权利义务转让的约定：________________________________

____

62.3　项目公司完成相关合同主体变更手续事项的约定：________________

____

64. 转让限制

64.6　关于转让限制的其他约定：________________________________

____

65. 转让违约的处理

项目公司未按合同约定转让，守约方给予改正的宽限期：________________
关于违约方在宽限期未改正的违约责任：________________________

____

第十五节 担保、保险和保障

66. 担保

66.1 项目公司建设期履约担保

项目公司提交建设期履约担保方式：________________________

项目公司提交建设期履约担保金额：________________________

____

66.2 项目公司运营期履约担保

项目公司提交运营期履约担保方式：________________________

项目公司提交运营期履约担保年度金额和累计金额：________________

____

67. 保险

67.1 保险险种：________________________________

责任范围：________________________________

保险金额：________________________________

保险期间：________________________________

被保险人：________________________________

其他约定：________________________________

____

67.2 项目公司购买保险所产生费用的约定：________________________

____

68. 保障

68.1 政府方提供的担保和保障措施：________________________

____

68.2 合同各方约定的其他保障方式：________________________

____

第十六节　不 可 抗 力

69. 不可抗力的定义和情形

（6）合同各方约定的其他不可抗力的情形：____________________

____

70. 不可抗力事件的认定和评估

70.3　不可抗力事件认定和评估的其他约定：____________________

____

71. 不可抗力的通知

关于不可抗力通知的约定：____________________

____

72. 不可抗力事件的处理

72.2　关于应对不可抗力产生的费用和损失承担的约定：____________________

____

72.4　不可抗力事件妨碍或阻止一方履约的时间，自此种不可抗力事件发生之日起超过______日的，合同各方应协商决定继续履行本合同或协商解除本合同。

其他关于不可抗力影响的约定：____________________

____

第十七节　特别事件和介入权

73. 特别事件的情形

（4）合同各方约定的其他特别事件情形：________________________________

____

74. 特别事件中各方权利

74.1　政府方的权利

74.1.2　介入权的限制：

政府方以特别事件为名，任意或草率行使本条所指监管、接管、替代履行等介入权，导致影响本合同的正常履行的，项目公司主张相应损失和补偿的具体计算方式和计算标准：____

____

75. 介入权的行使程序

75.5　介入期间的费用和收入

75.5.1　关于政府方将介入过程中发生的费用明细交给项目公司的时限：__________

____

第十八节　合同解除和终止

76. 合同终止

76.1　合作期内出现下列情形之一的，本合同终止：

（6）合同终止的其他情形：________________

____

76.2　关于终止情形下清算移交等事项的约定：________________

____

77. 合同解除的条件和程序

77.2　合同解除的一般程序

关于合同解除一般程序的约定：________________

____

77.2.2　整改宽限期

（1）被解除方整改宽限期为：________________

____

78. 合同解除后的清算

78.1　因政府方违约导致合同解除的清算

政府方支付补偿金的方式：________________

政府方支付补偿金的标准：________________

政府方支付补偿金的程序：________________

____

78.2　因项目公司违约导致合同解除的清算

项目公司的违约责任：________________

政府方收购方式：________________

政府方收购标准：________________

政府方收购程序：________________

____

79. 合同解除后的移交

本合同解除后移交的约定：________________

80. 合同解除后的其他约定

80. 4　关于合同解除后的其他事宜的约定：________________________________

____

第十九节　违约处理和赔偿

81. 一般约定

81.3　违约通知

关于违约通知的约定：____

____

82. 违约的处理

任何一方不履行本合同约定的义务，守约方可视违约方违约的程度行使下列全部或部分权利：

（2）关于违约金的约定：____

____

83. 赔偿范围和标准

83.1　政府方的赔偿范围和标准

83.1.2　政府方违约行为对项目公司的财产权或其他权益造成损害予以赔偿约定：____

____

83.2　项目公司的赔偿范围和标准

项目公司违约行为对政府方的财产权或其他权益造成损害予以赔偿的约定：____

____

第二十节　争议解决

86. 民事争议的解决方式

86.2　调解

86.2.1　调解方式：________________

调解机构：________________

调解机制：________________

调解费用承担：________________

其他约定：________________

____

86.3　争议评审

关于是否采取争议评审方式解决争议的约定：________________

争议评审机构的选择与确定：________________

争议评审规则：________________

评审员报酬与机构费用承担：________________

其他事项约定：________________

____

86.3.1　争议评审小组的确定

争议评审小组采用下列第______种方式进行选择：

（1）合同各方协商确定。选择一名争议评审员的，由合同各方共同商定。选择三名争议评审员的，由合同各方各自选定一名，第三名评审员为首席评审员，由合同各方共同确定。

（2）其他方式：________________

____

86.3.2　争议评审的实施

与争议评审实施有关的约定：________________

____

86.3.3　争议评审小组决定的效力

与争议评审决定有关的其他事项：________________

____

86.4　仲裁或诉讼

合同各方同意选择以下第______种争议解决方式：

（1）向＿＿＿＿＿＿＿＿＿＿＿仲裁委员会申请仲裁。

（2）向＿＿＿＿＿＿＿＿＿＿＿法院提起诉讼。

87. 争议期间合同的履行

关于争议期间合同履行的约定：＿＿＿＿＿＿＿＿＿＿＿＿＿＿＿＿＿＿＿＿

＿＿＿＿＿＿＿＿＿＿＿＿＿＿＿＿＿＿＿＿＿＿＿＿＿＿＿＿＿＿＿＿＿＿＿＿

第二十一节　其 他 约 定

88. 知识产权

88.1　关于政府方向项目公司提供的资料，或主要以此为基础未经实质性开发形成的成果文件的知识产权归属的约定：____

____

88.2　关于项目公司向政府方提供的资料，或主要以此为基础未经实质性开发形成的成果文件的知识产权归属的约定：____

____

89. 保密和信息披露

89.1　保密

89.1.1　关于保密信息的约定：____

89.1.3　保密期限：____

保密责任：____

____

91. 合作义务和通知

91.2　通知

91.2.1　关于通知的其他约定：____

91.2.2　相关信息

政府方：联系人：____

联系地址：____

联系方式：____

项目公司：联系人：____

联系地址：____

联系方式：____

92. 法律适用及法律变更

92.3　（3）上级政府层面的法律变更分担比例：政府方占________%，项目公司占________%。

94. 补充条款

关于本合同投资、融资、建设、运营、移交等有关事项的约定：________________

____

附件

专用条款附件

附件 1：政府方对实施机构的授权文件

附件 2：项目总投资构成表

……

二、 资金管理协议书格式

资金管理协议书

项目公司：　　　　　　　　　　　　（以下简称“甲方”）
经办银行：　　　　　　　　　　　　（以下简称“乙方”）
政　　府：　　　　　　　　　　　　（以下简称“丙方”）

为了促进______________（公路项目名称）的顺利实施，确保项目资金专款专用，同时为甲方提供便捷有效的银行业务服务，根据PPP项目合同有关规定，经甲、乙、丙三方协商，达成协议如下：

一、资金管理的内容

1. 甲方应在成立后15日内，在乙方开设基本结算户；
2. 甲方应按协议规定将项目资金汇入在乙方开设的基本结算账户；
3. 甲方应将项目资金专项用于______________（公路项目名称）建设或运营；
4. 乙方应为甲方提供便捷有效的银行业务服务，并接受丙方委托对甲方在乙方开设的基本结算户资金使用情况进行监督。

二、甲方的权利和义务

1. 项目公司成立以后，甲方应尽快在乙方开设基本结算户；
2. 确保本项目资金专款专用，不发生挪用、转移资金的现象；保证不通过权益转让、抵押、担保承担债务等任何其他方式使用基本结算户的资金；
3. 建设资金做到专款专用，甲方在办理单笔业务金额超过100万元以上的工程款、设备材料采购等合同款款项支付时，应向乙方出具合同、协议、支付证书、发票等相关证明材料。

三、乙方的权利和义务

1. 成立以单位负责人为组长，业务科长、会计科长及经办人员为成员的服务小组，明确业务流程，提高工作效率；
2. 根据甲方提供的合同、协议、支付证书、发票等相关材料，检查该笔资金是否用于本项目建设，对本项目以外的款项，有权拒绝办理，并及时通报丙方；

3. 在接到甲方提供的票据、资料后，8 个工作小时内办理支付，如遇乙方有权拒绝办理的项目，也应在同一时间段内回复甲方；

4. 每月 15 日前将甲方上月的资金使用情况，整理后书面报送丙方；乙方复印备案的材料一并送丙方。

四、丙方的权利和义务

1. 不定期审查乙方对甲方的资金使用监督情况，如乙方不能履行其责任，丙方有权随时终止本协议；

2. 在甲、乙双方发生争议时，丙方应负责协调、解决。

五、甲、乙、丙三方都应履行保密责任，不得将其他两方的业务情况透露给三方以外的其他单位或个人。

六、本协议有效期自甲方在乙方开户起，至项目合作期满后结束。

七、协议未尽事宜，由甲方牵头，三方协商解决。

八、本协议一式三份，三方各执一份。

甲　方：(单位全称)(盖单位章)
法定代表人或其授权的代理人：
______________(职务)
______________(姓名)
______________(签字)

日期：______年______月______日

乙　方：(单位全称)(盖单位章)
法定代表人或其授权的代理人：
______________(职务)
______________(姓名)
______________(签字)

日期：______年______月______日

丙　方：(单位全称)(盖单位章)
法定代表人或其授权的代理人：
______________(职务)
______________(姓名)
______________(签字)
日期：______年______月______日

三、 建设期履约担保格式

如采用银行保函，格式如下。

履 约 担 保

致：(招标人全称)

鉴于_____(项目公司全称)_____（下称“项目公司”）将与(招标人全称)（下称“招标人”）签订__________(PPP 项目名称) PPP 项目合同。我方愿意无条件地、不可撤销地就项目公司履行与你方订立的 PPP 项目合同中的项目建设期义务，向你方提供担保。

1. 担保金额为人民币（大写）______________元（￥__________）。

2. 担保有效期自招标人与项目公司签订的 PPP 项目合同生效之日起至本项目通过竣工验收且项目公司按 PPP 项目合同的规定提交运营期履约担保 30 日后止。①

3. 在本担保有效期内，因项目公司违反协议约定的义务给你方造成经济损失时，我方在收到你方以书面形式提出的在担保金额内的赔偿要求后，在 7 日内无条件支付，无须你方出具证明或陈述理由。

4. 招标人和项目公司对 PPP 项目合同进行任何修改或补充，我方承担本担保规定的义务不变。

担保人名称：________________(盖单位章)

法定代表人或其委托代理人：________(签字)

地　　址：____________________

邮政编码：____________________

电　　话：____________________

传　　真：____________________

_____年_____月_____日

① 本条内容可修改为：“本担保自_____(生效日期)之日起生效，至_____(失效日期)之日失效。”

四、 运营期履约银行保函格式

如采用银行保函，格式如下。

履 约 保 函

致：(招标人全称)

鉴于_______（项目公司全称）_______（下称“项目公司”）将与(招标人全称)（下称“招标人”）签订___________（PPP 项目名称）PPP 项目合同，我方愿意无条件地、不可撤销地就项目公司履行与你方订立的 PPP 项目合同中的运营期义务，向你方提供担保。

1. 担保金额为人民币（大写）_______________元（¥___________元）。

2. 担保有效期自运营期开始之日起至项目移交满 1 年后止。①

3. 在本担保有效期内，因项目公司违反合同约定的义务给你方造成经济损失时，我方在收到你方以书面形式提出的在担保金额内的赔偿要求后，在 7 日内无条件支付，无须你方出具证明或陈述理由。

4. 招标人和项目公司对 PPP 项目合同进行任何修改或补充，我方承担本保函规定的义务不变。

担保银行：_____（银行全称）_____（盖单位章）

法定代表人或其委托代理人：_________（职务）

_________（姓名）

_________（签字）

地　　址：_____________________________

邮政编码：_____________________________

电　　话：_____________________________

传　　真：_____________________________

_____年____月____日

① 本条内容可修改为：“本保函自_____年_____月_____日起生效，至_____年_____月_____日失效。”

第六章　投标文件格式

______省（自治区、直辖市）

______（PPP 项目名称）选择社会资本方招标

投 标 文 件

招标人：______（盖单位章）

______年______月______日

备注：投标人如为联合体，应填写联合体所有成员的全称。

目　　录

一、投标函

投 标 函

________（招标人名称）：

1. 经现场踏勘和研究________（PPP 项目名称）选择社会资本方招标文件的全部内容（含第____号至第____号补遗书）后，我方愿意遵照招标文件的要求和下表的承诺承担本项目的筹划、资金筹措、建设实施、运营管理、债务偿还和资产管理等全过程的责任。

<table>
<tr><td colspan="4">（1）如单独投标，投标人：________________</td></tr>
<tr><td>（2）如以联合体形式投标</td><td>联合体牵头人</td><td>联合体成员</td><td>联合体成员</td></tr>
<tr><td>单位名称</td><td></td><td></td><td></td></tr>
<tr><td>出资额（元）</td><td></td><td></td><td></td></tr>
<tr><td>出资比例</td><td></td><td></td><td></td></tr>
<tr><td colspan="4">项目总投资：________元
资金来源：投标人自有资金投入________（比例、金额）元，银行贷款________（比例、金额）元，其他渠道融资________（比例、金额）元。
建设期：____年（自项目开工之日起计）
投标报价：________________</td></tr>
<tr><td colspan="4">绩效考核目标：
（1）勘察设计目标：________________
（2）施工目标（工期、安全生产、环保等）：________________
（3）交工验收的工程质量目标：________________
（4）竣工验收的工程质量目标：________________
（5）公路养护及运营服务质量目标：________________
（6）其他目标：________________</td></tr>
</table>

2. 如果我方中标，我方保证在收到中标通知书后____日内，并在签订投资协议之前，提交____元人民币的社会资本方履约担保，并在签订投资协议后____日内按投标文件中的承诺完成项目公司的组建，并筹措本项目所需的建设资金。

3. 如果我方中标，在项目公司注册登记并完成项目核准/审批手续后____日内并在签订 PPP 项目合同前，我方保证项目公司将按照你方认可的条件，提交金额为____元人民币的建设期履约担保；在项目公司注册登记并完成项目核准/审批手续后____日内，我方保证项目公司将与你方签订 PPP 项目合同。

4. 我方承诺在投标有效期内，本投标函对我方具有约束力，并随时接受中标。

5. 随同本投标函，我方出具金额为人民币____万元的投标担保。

6. 在投资协议正式签署生效之前，本投标函连同你方的中标通知书将构成我们双方之间共同遵守的文件，对双方具有约束力。

7. 我方在此声明，所递交的投标文件及有关资料内容完整、真实和准确，且不存在第二章“投标人须知”第 1. 4. 3 项和第 1. 4. 4 项规定的任何一种情形。

投 标 人：______________________（盖单位章）

或法定代表人或其委托代理人：__________（签字）

地　　址：______________________________

网　　址：______________________________

电　　话：______________________________

传　　真：______________________________

邮政编码：______________________________

______年______月______日

备注：投标人在投标函中填写内容必须与投标文件一致；投标人如为联合体，应填写联合体所有成员的全称。

二、授权委托书或法定代表人身份证明

（一）授权委托书[①]

本人________（姓名）系________（投标人名称）的法定代表人，现委托________（姓名）为我方代理人。代理人根据授权，以我方名义签署、澄清确认、递交、撤回、修改________________（PPP 项目名称）选择社会资本方招标投标文件、签订合同和处理有关事宜，其法律后果由我方承担。

委托期限：自本委托书签署之日起至投标有效期期满。

代理人无转委托权。

附：法定代表人身份证复印件及委托代理人身份证复印件。

投　标　人：________________（盖单位章）

法定代表人：________________（签字）

身份证号码：________________

委托代理人：________________（签字）

身份证号码：________________

______年______月______日

注：1. 法定代表人和委托代理人必须在授权委托书上亲笔签名，不得使用印章、签名章或其他电子制版签名代替。

2. 以联合体形式投标的，本授权委托书应由联合体牵头人的法定代表人按上述规定签署。

① 如果由投标人的法定代表人签署投标文件，则无需提交授权委托书。

（二）法定代表人身份证明

投标人名称：____________________________

姓名：______（法定代表人亲笔签字）性别：________ 年龄：________ 职务：________系________________________（投标人名称）的法定代表人。

特此证明。

附：法定代表人身份证复印件。

投标人：________________（盖单位章）

______年______月______日

注：1. 法定代表人的签字必须是亲笔签名，不得使用印章、签名章或其他电子制版签名代替。

2. 以联合体形式参与投标的，本授权委托书应由联合体牵头人的法定代表人按上述规定签署。

三、 联合体协议书[①]

__________（所有成员单位名称）自愿组成联合体，共同参加__________（PPP 项目名称）选择社会资本方招标投标。现就联合体投标事宜订立如下协议。

1. __________（某成员单位名称）为牵头人。

2. 联合体各成员授权牵头人代表联合体参加投标活动，签署文件，提交和接收相关的资料、信息及指示，进行合同谈判活动，负责合同实施阶段的组织和协调工作，以及处理与本招标项目有关的一切事宜。

3. 联合体牵头人在本项目中签署的一切文件和处理的一切事宜，联合体各成员均予以承认。联合体各成员将严格按照招标文件、投标文件和合同的要求全面履行义务，并向招标人承担连带责任。

4. 如中标，联合体各方应当共同与招标人签订项目投资协议，联合体各方共同组建的项目公司注册成立后应与招标人签订 PPP 项目合同，对本项目的筹划、资金筹措、建设实施、运营管理、债务偿还和资产管理等全过程负责，自主经营，自负盈亏，并在 PPP 项目合同规定的项目合作期满后，按照 PPP 项目合同的约定将公路（含土地使用权）、公路附属设施及相关资料等无偿移交给行业主管部门。

5. 联合体各成员单位内部的出资及收益分配约定如下：

a.（牵头人名称）__________在项目公司所占的出资（或股份）比例为____%，（成员一名称）__________在项目公司所占的出资（或股份）比例为____%；……

b. 项目资本金的分期到位时间：__________。

c. 有关收益分配的约定：__________。

6. 投标工作和联合体在中标后项目实施过程中的有关费用按各自承担的工作量分摊。

7. 本协议书自所有成员单位法定代表人签字并加盖单位章之日起生效，合同履行完毕后自动失效。

8. 本协议书一式____份，联合体成员和招标人各执一份。

联合体牵头人名称：______________________________（盖单位章）

法定代表人：______________________________（签字）

---

① 本联合体协议书格式适用于未进行资格预审的情况。如果采用资格预审，投标人应在此提供资格预审申请文件中所附的联合体协议书复印件。

联合体成员名称：____（盖单位章）
法定代表人：____（签字）

联合体成员名称：____（盖单位章）
法定代表人：____（签字）
……

______年______月______日

四、 投标担保

若采用现金或支票，投标人应在此提供汇款凭证的复印件。

如采用银行保函，银行保函复印件装订在投标文件中，格式如下。

投标保函

________________（招标人名称）：

鉴于________________（投标人名称）（以下称“投标人”）于_____年_____月____日参加________________（PPP 项目名称）选择社会资本方招标投标，____________（担保人名称）（以下简称“我方”）无条件地、不可撤销地保证：若投标人在规定的投标有效期内撤销投标文件，中标后无正当理由不与招标人签订投资协议，在签订投资协议时向招标人提出附加条件，不按照招标文件要求提交社会资本方履约担保，或发生招标文件明确规定可以不予退还投标担保的其他情形，我方承担保证责任。收到你方书面通知后，在 7 日内无条件向你方支付人民币（大写）________元。

本保函在投标有效期或经延长的投标有效期内保持有效。① 要求我方承担保证责任的通知应在上述期限内送达我方。你方延长投标有效期的决定，应通知我方。

担保人名称：____________________（盖单位章）

法定代表人或其委托代理人：____________（签字）

地　　址：__________________________

邮政编码：__________________________

电　　话：__________________________

传　　真：__________________________

_____年_____月_____日

① 本条内容可修改为：“本保函自_____年_____月_____日起生效，至_____年_____月_____日失效。”但具体失效日期必须在投标有效期期满后。

五、 关于投资协议、PPP项目合同条款的建议

投标人在详细研究招标文件中的投资协议、PPP 项目合同之后，应在此写明对投资协议、PPP 项目合同条款的建议并阐述理由。上述建议和理由应在满足国家法律法规的前提下，有利于项目的建设、运营、移交等，是合同谈判的依据，但并不意味着招标人必须接受上述建议。

六、 资格审查资料（适用于已进行资格预审的）

投标人应按通过资格预审后的新情况及第二章“投标人须知”第 3. 4. 1 项的规定对资格预审申请文件进行更新或补充，表格格式同资格预审文件规定。

六、 资格审查资料（适用于未进行资格预审的）

（一）投标人基本情况表

<table>
<tr><td>投标人名称</td><td colspan="4"></td></tr>
<tr><td>注册地址</td><td colspan="2"></td><td>邮政编码</td><td></td></tr>
<tr><td rowspan="2">联系方式</td><td>联系人</td><td></td><td>电 话</td><td></td></tr>
<tr><td>传　真</td><td></td><td>电子邮件</td><td></td></tr>
<tr><td>法定代表人</td><td>姓名</td><td></td><td>电话</td><td></td></tr>
<tr><td>成立时间</td><td colspan="2"></td><td>员工总人数</td><td></td></tr>
<tr><td>营业执照号或统一社会信用代码</td><td colspan="2"></td><td>企业类型</td><td></td></tr>
<tr><td>注册资本</td><td colspan="2"></td><td>总资产</td><td></td></tr>
<tr><td>净资产</td><td colspan="2"></td><td>银行资信等级</td><td></td></tr>
<tr><td>基本账户开户银行</td><td colspan="4"></td></tr>
<tr><td>基本账户账号</td><td colspan="4"></td></tr>
<tr><td>经营范围</td><td colspan="4"></td></tr>
<tr><td>资产构成情况</td><td colspan="4"></td></tr>
<tr><td>投资参股的关联企业情况</td><td colspan="4">投标人应提供关联企业情况，包括：
（1）投标人的所有股东名称及相应股权（出资额）比例；如投标人为上市公司，投标人应提供股权占公司股份总数____%以上的所有股东名称及相应股权比例；
（2）投标人投资（控股）或管理的下属企业名称、持有股权（出资额）比例；
（3）与投标人单位负责人（即法定代表人）为同一人的其他单位名称。</td></tr>
<tr><td>备注</td><td colspan="4"></td></tr>
</table>

注：1. 在本表后应附投标人营业执照副本、基本账户证明材料、银行资信等级副本（如有）、资质证书副本（如有）的复印件，且前述复印件应提供全本（证书封面、封底、空白页除外），应包括投标人名称、投标人其他相关信息、颁发机构名称、投标人信息变更情况等关键页在内，并逐页加盖投标人单位章。

2. 在本表后应附投标人情况的简介。

3. 以上资料以最近一年度数据为准。

4. 以联合体形式投标的，联合体各成员应分别填写。

（二）投标人组织机构框图

叙述或附图说明申请人的组织机构，母公司和子公司关系（如有），公司法定代表人。

注：以联合体形式投标的，联合体各成员应分别填写。

（三）财务状况表

项目或指标	单位	______年	______年	……
一、注册资本	万元			
二、净资产	万元			
三、长期投资	万元			
四、总资产	万元			
五、固定资产	万元			
六、流动资产	万元			
其中：1. 货币资金	万元			
2. 应收账款	万元			
3. 预付账款	万元			
4. 其他应收款	万元			
5. 存货	万元			
七、速动资产	万元			
八、流动负债合计	万元			
其中：1. 短期借款	万元			
2. 预收及应付款	万元			
九、负债合计	万元			
十、营业收入	万元			
十一、净利润	万元			
十二、现金流量净额	万元			
其中：1. 经营活动产生的现金流量净额	万元			
2. 投资活动产生的现金流量净额	万元			
3. 筹资活动产生的现金流量净额	万元			
十三、主要财务指标				
1. 净资产收益率	%			
2. 总资产报酬率	%			
3. 主营业务利润率	%			
4. 流动资产周转率	%			
5. 流动比率	%			
6. 资产负债率	%			
7. 速动比率	%			

注：1. 本表后应附：

a. 投标人______年度注册资本、净资产证明文件，长期投资以及担保事项的说明或证明文件。

b. 近______年经会计师事务所或审计机构审计的财务会计报表，包括资产负债表、现金流量表、利润表和财务情况说明书的复印件。

2. 本表所列数据必须与本表各附件中的数据相一致。

3. 以联合体形式投标的，联合体各成员应分别填写。

（四）投融资能力表（资金筹措方案）

投标人应在此分别提供项目资本金和其余建设资金的筹措方案，包括到位计划、额度、来源、证明材料。

注：1. 投融资能力证明材料可采用本招标文件提供的表 4 – 1 至表 4 – 3 格式，也可采用其他有效证明文件格式。

2. 以联合体形式投标的，联合体各成员应分别填写并提供证明材料。

表 4－1　投融资能力表（银行授信额度或存款证明）

投标人可在此提供：

1. ____年至____年银行授信额度材料；或者
2. 银行存款证明（按下述格式出具）。

银行存款证明

致：招标人名称

鉴于__________________（投标人单位名称与地址）对______________项目选择社会资本方招标提出投标，我行兹证明：该企业______年至______年在我行的平均年末存款为人民币（或其他币种）____________亿元。

银行地址：________________________

邮政编码：________________________

电　　话：________________________

传　　真：________________________

银　　　　行：（全称）________（盖单位章）

法定代表人或

其授权的代理人：（职务）____________（姓名）

__________________（签字）

日　　　　期：______年______月______日

注：以联合体形式投标的，联合体各成员应分别填写并提供证明材料。

表 4－2　投融资能力表（针对本项目的银行贷款意向书）

注：1. 本银行贷款意向书必须由具有相应贷款能力的银行针对本项目出具，其中应包括可向投标人依法组建的项目公司提供贷款的相关意向。

2. 以联合体形式投标的，联合体各成员应分别提供。

表4－3　投融资能力表（针对本项目的其他融资意向书）

本表附针对本项目的其他融资意向书。

注：以联合体形式投标的，联合体各成员应分别提供。

（五）目前对外投资项目表

投标人应在此提供目前对外投资项目详细清单，并说明相关项目情况；此外，对上述投资项目中是否存在不良经营状况、重大债权、债务纠纷、重大诉讼或严重违约等情况做出说明。

注：以联合体形式投标的，联合体各成员应分别填写。

（六）商业信誉表

投标人应按照投标人须知前附表附录 4 和第二章“投标人须知”第 1.4.4 项所规定的内容，详细说明投标人的商业信誉情况，并应附在国家企业信用信息公示系统、信用中国网站的查询结果截图复印件。

注：以联合体形式投标的，联合体各成员应分别填写。

（七）投标人曾承担过的类似公路项目

（投融资、建设或运营管理）

投标人应对曾独立承担或主持（作为联合体牵头人）或参与过项目投融资、建设或运营管理的类似公路项目进行详细说明，包括： 1. 项目名称，主管机构名称及联系方式。 2. 项目情况简介：公路等级、里程长度、建设工期、工程总投资、主要工程内容等。 3. 请说明投标人在该项目中承担哪一部分（合同段）任务，承担何种任务（投融资、建设或运营管理），是独立承担或是主持（作为联合体牵头人）还是与其他单位合作完成。 4. 投标人应随本表提供与各项目主管机构签署的合同协议书及该机构对投标人履行合同的证明文件或其他证明资料复印件。

注：1. 本表“类似公路项目”指与本项目相比同等级或以上等级公路项目，或者同等类型的公路项目。

2. 以联合体形式投标的，联合体各成员应分别填写。

（八）项目公司股权构架图

附图表示项目公司的股权构架。

（九）拟在项目公司任职的主要人员表①

拟任职务	姓名	资格、经验及现任职务简述
总经理		
副总经理		
总工程师		
财务负责人		
……		
……		
……		

注：本表中还应填入拟在项目公司任职的其他主要人员，可包括工程、合约、融资、协调、物资供应等主管人员。

① 如果招标人未对项目公司主要技术管理人员提出资格条件要求，则本表可不予保留。

（十）主要人员简历表

姓名		性别		年龄	
学历		专业		职称	
拟在本项目公司中担任职务					
经　　历					

时间	工作单位	担任何职	备注

有关技术（投资、经济、工程等）和管理经验			
项目名称	建设规模	开竣工时间	工程质量

注：本表填写的主要人员应与（九）所列人员相一致，在本表后应附身份证和职称资格证书复印件。

七、 项目实施计划

一、投标人应按“投标人须知”第3.1.5项的要求，依照本篇所附的内容认真编制项目实施计划。

二、由投标人填报的本计划书将作为评标的主要考虑因素。

三、投标人如果中标，应按其在本计划书中的承诺安排各阶段工作的实施，本计划书将作为政府对项目进行监督管理的主要依据。

四、项目实施计划应包含下列内容，投标人也可根据本项目的实际特点和自身的实际情况作适当补充，以便能更清楚表述有关内容。

（一）项目投融资方案

1. 资金筹措方案

（1）投标人的自有资金情况、拟投入项目公司的自有资金（项目资本金）额度、资金来源及保障措施；

（2）其余建设资金的额度、资金来源及保障措施；

（3）资金筹措的应急预案，详细说明该预案的可行性。

资金筹措方案应根据项目投资需求和项目实施进度计划制定，资金来源应可靠、详细、合法、充足、及时、可行，并提供有关融资方的承诺函或融资协议等证明文件。

2. 收益、成本测算及财务分析

投标人应根据其项目实施计划和管理方式，结合资金筹措情况，进行项目合作期内各年度项目成本（费用）测算、直接收益和间接收益的测算，对项目进行财务分析（包括计算项目资本金内部收益率、项目净现值、投资回收期等财务指标）、风险分析和测算，并在此基础上向政府提出对于项目合作期、投标报价（如有）的具体要求。收益、成本测算及财务分析的详细表格均应附在投标文件内。

3. 项目资金到位和使用计划

按建设进度计划，制定资金到位时间、数额及使用计划表。

4. 投标人认为必要的其他内容。

（二）项目公司组建方案

1. 项目公司组建计划

应说明组建项目公司的时间、注册资金、注册地点、公司章程、法定代表人、办公地点、公司规模、公司主要领导成员、项目公司履行的职责等。

2. 项目公司的机构设置

应说明项目公司的各部门的设置及相应的职责范围等。

3. 项目公司的人员安排

应说明拟在项目公司任职的主要人员及其到位的具体时间等。

4. 项目公司增资方案

应说明项目公司各次增资的时间、数额，项目公司股东在各次增资中的出资数额、出资比例、出资时间、出资方式等（必须以现金出资）。

5. 投标人认为必要的其他内容。

（三）项目建设方案

1. 建设工作内容和时间安排

应说明项目准备阶段、建设阶段的工作内容和重大时间的控制点等。

2. 勘察设计方案、进度计划和保障措施

应明确项目勘察设计方案、详细进度安排，并制定实现该进度目标的保障措施。

3. 工程工期目标、进度计划和保障措施

应明确工程工期目标、详细进度安排，并制定实现该进度目标的保障措施。

4. 工程质量目标和保证措施。

5. 工程投资控制目标和保证措施。

6. 施工安全目标和保证措施。

7. 施工环境保护和水土保持措施。

8. 工程施工、勘察设计、监理、设备、试验检测采购方案。

9. 建设期保险方案。

10. 投标人认为必要的其他内容。

（四）项目运营方案

1. 运营管理原则。

2. 运营管理制度。

3. 项目合作期内绩效目标和保障措施。

4. 养护质量指标和保障措施。

5. 大中修方案。

6. 运营期保险方案。

7. 投标人认为必要的其他内容。

（五）项目移交方案

1. 应明确承诺项目移交给政府时的状态及其他优惠条件，以及为保障该目标而采取的措施。

2. 投标人认为必要的内容。

（六）在项目实施过程中，除招标文件规定之外，建议招标人提供的优惠政策等（并不意味着招标人必须接受）。

八、其他资料

投标人认为必要的其他资料。

第七章　招标项目基础资料

招标项目基础资料

招标人向各投标人提供下列文件：

1. 政府对招标人（项目实施机构）的授权文件；
2. 项目实施方案的批复文件；
3. 项目相关审批文件；
4. 可行性研究报告（含补充报告）等。